実況！会社つぶれる!!

全宅ツイ

KKベストセラーズ

はじめに

人の不幸は蜜の味——

なぜ人は、他人の不幸を知ると得も言われぬ喜びを感じてしまうのでしょうか。プリンストン大学で心理学および社会政策の博士号を取得し、ハーバード大学心理学科の准教授として活躍するMina Cikara氏が２０１２年1月に発表した論文「Stereotypes and Schadenfreude: Affective and Physiological Markers of Pleasure at Outgroup Misfortunes」の分析を引用すると、他者に起こった出来事による心理的報酬が最も大きくなるのは、優秀な人物が落ちぶれていくさまを見たときだそうです。人類は古来より同種間で生存競争と性競争にさらされており、自分より高い位置にいる相手が脱落していくことによって、自身の安全が確保される安堵感がなんとも言い難い快楽をもたらすそうです。この感情を学術用語ではシャーデンフロイデと言います。

＃来年会社なくなる

そのわずか8文字のハッシュタグがＴｗｉｔｔｅｒのタイムラインに初めて現れたのは２０１７

年の春先でした。

小気味良いリズムに乗せてひょうひょうと描かれる会社の数々の愚行。間違いない、この会社は近い将来つぶれるわ。全宅ツイメンバーのあくのふどうさん氏（@yellowsheep）がこの世に産み落としたワードに、我々は強烈なシャーデンフロイデを感じずにはいられませんでした。やがてその小さな波は大きなうねりとなり、不動産クラスタに伝播していきました。このハッシュタグは、見る者にシャーデンフロイデを催させ、同時につぶやく者に対しても、自身が日夜の仕事で抱えるルサンチマンを爆発させ、ストレスを発散させる効果があったのです。

タイムラインで突発的に繰り出される「＃来年会社なくなる」のハッシュタグ。私はこの大量の投稿を眺めているうちに、一つの学術的価値を見出しました。「これ、倒産予知に使えるんじゃないか……？」

数多あるツイートを整理・分類していくと、倒産までの時間軸によって経営者の行動や社内で起きる事象に変化があることに気づきました。「来年」「来月」「来週」「今日」「つぶれた」それぞれのタイミングで、貴方の身にどのような事が起きるのか。ＳＮＳを通して集められた大量の呪詛は、整理と解析を通してより高次の複雑な思考、問題解決、統合を勝ち取りえる、Ｔｗｉｔ ｔｅｒコミュニティの産物になり得るとの確信を持ちました。経営者視点で書かれている告白本や第三者視点で分析している記事は多数あれど、被雇用者の立場で倒産を仰視した書物を私は見たことがありません。

２０１７年末に不動産クラスタにアンケートを取ったところ、実に4割の人間が倒産を経験していたました。

我々不動産屋にとって倒産は実に身近なものであります。したがって、この本に書かれていることは決してフィクションではなく、現場で起きているリアリティが詰め込まれています。

本書を手に取ってくれた方におすすめの読み方をご紹介します。この本を持ったまま、ビジネス書コーナーに行き、中央公論新社『失敗の本質』もカゴに入れてレジに行って下さい。本書にはエリートサラリーマンが学ぶべき組織論などは一切書いていませんので、それはそっちで学んで下さい。戦争という極限の状況下における大組織の運営と意思決定の失敗を分析し、現代日本の企業運営に警鐘を鳴らした名著です。めちゃ勉強になる。一方、本書で学べることはほとんど無いんですが、雇われている立場の人は「転職したほうがいいタイミング」「荒稼ぎできる時期」「手遅れになったときの心構え」みたいなことがちょっとわかるかもしれません。何よりたくさんのシャーデンフロイデを感じて幸せになれます。この本、どんどん人が不幸になっていく。なにこれちょー気持ちいい。また、経営者の方は「儲かってるときの調子の乗り方」「社員に悟られずに倒産するポイント」「愛人との清算方法」みたいなことが学べます。これは割と役に立つ。100万円くらいの価値はある。

かくいう私も、世界金融危機時に上場企業での倒産を経験しております。専業主婦と幼い子供を二人抱えた状況で、会社なくなった。不安、みじめさ、金銭的困窮。身を持って体感しています。

倒産は、つらい。

そんな人がこれ以上発生しないよう、愚かな我々不動産業者のみっともない体験を踏み台にし、来たるべきタイミングで適切な行動を起こせるよう、何者でもない貴方のための倒産サバイバル読本として本書をしたためました。それでは始めていきましょう。

全国宅地建物取引ツイッタラー協会 ブローカー部 かずお君（@kazuo57）

目次

はじめに …… 02
公示　本書籍について …… 10

第1章
来年、会社つぶれる

解説！　こんな会社は来年あぶない！ …… 12
のぼり調子に上手く乗り、金あまりで大狂乱！
だがハデに振るまう会社には、倒産の影が忍び寄る

1コママンガ **来年、会社つぶれる前兆10選＋α** …… 16

実録マンガ **会社つぶれた！　マンガ／西アズナブル** …… 27
～あくのふどうさん氏の場合～

実話コラム　愛人はミタ① …… 36

第2章
来月、会社つぶれる

解説！　こんな会社は来月あぶない！ …… 38
あの好況が忘れられず、ウェイウェイ気分で再ダイブ
でも予想以上のビッグウェーブで沖に流され大転覆

1コママンガ 来月、会社つぶれる前兆11選＋α …… 42
コンプライアンス特別検証企画！
札幌不動産仲介店舗ガス爆発事故の原因になった
あの消臭スプレーはどんだけ効果があるのか …… 54
実話コラム　愛人はミタ② …… 68

第3章 来週、会社つぶれる

解説！　こんな会社は来週あぶない！ …… 70
意外と知られていない「倒産」の種類4分類
会社がどれを選ぶかでわが身の処遇も大きく変わる
1コママンガ 来週、会社つぶれる前兆10選＋α …… 74
施工不良2万2139棟！　赤字690億！
今の社内の雰囲気は？　今後の見通しは？
どうなるレオパレス！ …… 85
実話コラム　愛人はミタ③ …… 96

第4章

今日、会社つぶれる

解説！　こんな会社は今すぐあぶない！ …… 98

「いつ来るの？」とビクビクしながら待つものの
〝ザ・デイ〟はヤフーニュースで知ることに……。

1コママンガ

今日にも会社つぶれる前兆9選+α …… 102

「かぼちゃの馬車」運営のスマートデイズは
いかにして倒産したのか？

内部販促資料で読み解く詐欺スキームと
スルガ銀行の闇 …… 112

被害者座談会
被害総額3人で5億3000万！　ふざけんなスルガ銀行！

私はこうして騙されました …… 125

スルガ銀行元行員　魂の懺悔！

被害者の皆さん、ごめんなさい …… 132

実話コラム　愛人はミタ④ …… 134

第5章

会社、つぶれた

解説！　こんな会社はやっぱりつぶれた！ …… 136
若手エースが上司のクビ切り面談をする地獄絵図！
本当はどっちも悪くないのにお互い疲弊で顔面蒼白

1コママンガ　会社つぶれたトホホなあるある9選+α …… 140

実話コラム　愛人はミタ⑤ …… 150

実録マンガ　デベロッパーハヤト　マンガ／田中光 …… 151
〜ある全宅ツイメンバーの倒産劇〜

覚醒剤・反社・お家騒動 etc
わが社はコレで会社がなくなりました
しくじり不動産会社名鑑 …… 160

おわりに …… 170

スタッフプロフィール …… 172

公示

本書籍『実況！ 会社つぶれる!!』について

1 趣旨

本書は、全宅ツイ（全国宅地建物取引ツイッタラー協会）が「＃会社なくなる」というハッシュタグで、主に不動産関連の会社で働く方々から募集した実体験倒産ツイートを書籍という形で面白おかしく料理したものである。

2 基本構成

本書は、会社が倒産する際の前兆を「来年」「来月」「来週」「今日」「つぶれた」の５段階に分け、それぞれのフェーズでどのような事象が起こるのかを紹介・分析している。面白いと判断したものは1コママンガで表現し、全宅ツイの公式マスコットであるグリップ君氏のコメントを添えた。

3 企画

上記２の1コママンガ表現を基本とするが、企画のなかには料理しすぎて別方向に向かったものや、本来は週刊誌等で扱うべき内容のものもある。また、田中光氏や西アズナブル氏の実録マンガでも、９ページという変則項数で描いて頂いた。総じて通常の書籍ではあり得ない、イレギュラーな構成になっているが、そういった部分を含めて楽しんでいただければと思う。

4 注意事項

ツイートは、いろんなことを鑑みた結果、あたりさわりのない範囲で文章を整えたり表現を変えたりしている。

また、本書で扱っている倒産前兆が、仮に本書購入者が所属する会社で起こったとしても、必ずしも当該の会社が倒産するとは限らない。

以上

第1章

来年、会社つぶれる

のぼり調子に上手く乗り、金あまりで大狂乱！だがハデに振るまう会社には、倒産の影が忍び寄る

会社つぶれる……それは色々なつぶれ方があります。
売上が伸びない、資金繰りが厳しい、従業員が確保できない……。いろいろな理由で会社はつぶれていきます。創業したものの、何ひとつパッとした成果を残せずつぶれていく会社もたくさんあるでしょう。反面、時流に乗り、うまく行った会社もたくさんあります。

私がいる不動産業界は、大体10～20年サイクルで不動産価格の大きな波があります。この波にうまく乗った会社は、少資本でもむちゃくちゃ儲かることがあるんです。不動産開発は時間がかかる事業です。土地を買い、建物を企画し建て、それをリーシングし、販売する。どんなに早くても土地を買ってから半年以上かかるんですね。土地を買うときは、いま時点の相場で販売価格を予想して、そこから建築費や経費・取りたい利益を差し引いて値段を決めます。

これがのぼり相場のときは、開発している期間に販売価格に値上がりしていくん

ですね。1億の土地に1億で建物を建て、2億2千万円で売る。そんな皮算用で買った土地を開発して、1年後売ってみたら2億5千万で売れた。もともと10%の利益を取ろうとしたのに、25%も利益が取れてしまった。ラッキー。これが相場が上向いているときの開発業者のお財布事情です。社内ギネス達成！　高利益物件賞！　過去最高益！　みたいな文句が年次総会で立て続けに並びます。当然ボーナスもうなぎのぼり、経費の感覚もゆるゆるになります。だって儲かるんだもん。細かいこと気にするより、景気よく社員に弾んで優秀な人にとどまってもらったほうがいい。

経営者も、この世の春です。オーナー社長は笑いが止まりませんよね。株価は右肩上がり、役員賞与も取りまくり。儲かったから社用ジェットを買おう。本当に湯水のごとくお金を使いだします。だってお金あるんだもん。使わないと税金で持っていかれるし。使ったほうがええやろ。なんか文句あんのか。俺が社長や！　こんなに儲かる会社やっとんのや！　意識が異常に高くなっていく経営者。全知全能感に溢れています。不動産屋なのに、何でもできる気がしてくるんで飲食業に手を出したり、アート方面に偏る人が現れたり、文化人や芸能人、スポーツ選手のパトロンをしだしたり。もともと切った張ったの世界でのし上がってきた人です、教養ないんですよ、大体。お金を手に入れたことで急にそういうものが欲しくなる。名誉とか、文化人って呼ばれたりしたくなる。でも教養はない。だからお金でつながろうとするんです。かしこい。お金がある人のところには嗅覚が敏感な人達が集まります。最高です。みんなにすごいと言われたい。俺らも一流企業の仲間入りだ。企業の格にあったオフィスを構えなくては。

そして坪4万のオフィスを借りたり自社ビル建てたりしはじめます。応接室に作られる夜景がきれいなバーカウンター。むちゃくちゃ美人の受付嬢たち。ガンガン人も採ります。肥大していく一般管理費。好景気が未来永劫続くかのような感覚に陥っていきます。これが曲者です。稼がなきゃいけないハードルがどんどん高くなっていく。いいんです、背負っているものの大きさが、男の器。

だいたいこういう時期は、銀行もイケイケなんですよ。「雨の日に傘を取り上げる」と揶揄される銀行も、好景気のときはガンガンお金を貸してくれます。彼らもお金貸さなきゃ商売にならないので、儲かっているという噂が立つとお金が調達しやすくなるんですね。立派なビル、仕立ての良いスーツに身を包んだ日焼けした社長。これはお金貸したくなる。不動産業者にとって、融資がつくということはより大きな投資ができるということ。細かい区分マンションの転売を年間何十回転もしていたのがだるく感じてくる。だってどれ買っても儲かるやん。だったら大きいの一発やったほうが楽じゃない？　そんな発想が湧いてくる。自分が触ったことないアセットでも、フィーリングでいけちゃう気がしてくる。実際一本やってみるとすごい儲かっちゃったりして。こうやって負債の規模がどんどん大きくなっていくんです。うまく歯車が回っているときはなんの問題もありません。

でも、その歯車が噛み合わなくなったとき、大変なことになるんです。この章では、そんなバブルの入り口に立った会社がどんな行動を取るのかを記しています。蚊帳の外の人には「頭おかしい」と思われるかもしれません。

でも、いいじゃないですか。ブラック企業ばかりといわれるこの業界で、泥水すすってようやっと掴んだ大金だもん。派手に使いたくなる気持ちもわかってあげてよ。

ただし、もしあなたが勤めている会社がこのような状況になっていたら、少しだけ転職の準備を進めておいたほうがいいかもしれません。派手に暴れた会社ほどつぶれるときは一瞬ですから……。

#ボンボンの2代目次期代表が「俺、クリエイターだから」といって異業種に手を出しコバンザメを数匹ひきつれて社内を闊歩。

2代目ボンボンは、社外できっちり修業して帰ってくるタイプと最初から親の会社に入るタイプに分かれる。後者は新卒時代から部長の名刺をもらい勘違いが肥大するけど、実力ないからすぐ曖昧な世界に逃げ込もうとする。そんなのが次期社長って……背筋凍るウホ。

どこぞのジジイのことを「今日から会長と呼ぶように」との社長命令が下された。聞けば創業社長の実家の生活費が会社の経費から落ちていた。

上場していない会社は実質、創業家の私物だから……。え、何が悪いの?って思っている可能性が高いウホ。税理士や番頭さんに諫められ、渋々考えついた策が「この人は会長です。だから自宅は役員社宅だし食事代も交際費だし社用車を使う権利がある」

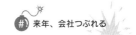

同僚が「これウチの会社の物件じゃないか」と叫び、見たら自分の会社の名前がクソ物件オブザイヤーにエントリーされていた。

皆様に恐れていただけるほど有名になったクソ物件オブザイヤー。確かに、ノミネートされた翌日に事業主が動いてもみ消しに来たりした事例があったウホ。チャンピオンを取った過去5作品のうち、2つは消滅しちゃったけど、会社はなくなってません。ご安心を。

社長のありがたいお言葉のポスターが社内のあちこちに貼られ始めた。

業績絶頂期、会社は宗教になります。経営者は崇拝の対象となり、壁画や銅像となります。また、その経営者の吐いた言葉は経典となり、熱心な信者がそれを書き写し、皆で唱えることを提唱するのです。まあでも強固な組織作るにはそれが一番手っ取り早いウホ。

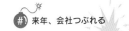

あんなに真面目だった社長が急に日焼けしてシルバーアクセで着飾り、中古のポルシェで通勤するようになった。

お金が入ると人は変わるウホ。手始めに自分の身の回りのものが変わり、中古で買っていたものが新品になり、グレードの高いものでないと満足できなくなります。また、付き合う相手も成金になり、その友達と消費競争を始めてしまうんですね。南〜無〜。

社長が営業会議で「顧客の顔が札束に見える」と言っていたが、隣に座っている社員がそれをしっかり録音。

ヤリ手営業マンは誰しも『営業ハイ』を感じたことあると思います。全部の案件決まる気がするウホね?

絶頂期の社長もあの感覚を感じてるんだと思います。でも口に出しちゃいけないよ。今の世の中、何が爆弾になるか分かりませんから。

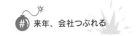

節税対策の一環でコインランドリーを始める。キャッチコピーは「あなたの心も真っ白」

コインランドリー事業は節税対策として大きな償却が取れるし、一般動産のため退職金作りとしても魅力的。でも、あまーい言葉で始めても、天気や競合環境に大きく事業が左右されるウホ。毎日雨乞いしているオーナーも不動産界隈ではよく見かけます……。

自社で販売した瑕疵担保2年の物件なのに、クレーム電話に出た担当が「経年劣化です」を繰り返すマンになってる。

完全に顧客軽視の会社。住宅はクレーム産業なので、いかにクレームに対処し、悪評が立たないようにするかが重要だけど、このスタンス、次の宅建免許更新する気ないな……。倒産して逃げ切る気ウホ。ちなみに瑕疵担保責任は宅建業法で2年以上負わなきゃダメ。

※瑕疵担保とは、購入した物件に知らされていない、隠れた欠陥があった場合、売主が損害賠償などの責任を負うこと。

こき使われてた新人たちがグループLINEで「労働基準法は存在する！」と触れ回り、一致団結して上司と団交しようとしていた。

新卒だけで固められた営業組織は社会の仕組みを知りません。最初っから労働基準法をガン無視の会社で働いたら、そんなものはあると思わないウホ。でも、誰かが気づいてしまうと、そこには小さな反乱の目が生まれてしまうかも。

会社の備品として、社長の奥様が表紙を飾るカレンダーが各社員に配られた。

事業がうまくいくと社長の自己顕示欲も無限大に膨らむウホ。そして自分の奥方の美貌を取引先に見せびらかす病気にかかります。それくらい自信家じゃないとすごい利益を上げることは出来ないんですかね？会社つぶれた後、高確率で離婚してる気がするけど。

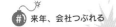

マンガ以外にもまだまだあるぞ！

来年、会社つぶれる前兆！

かもしれない

社長の愛人と思しきハデ系の女性が数人採用されるが、初日の挨拶以外に会うことはなかった。

社内で不祥事が起こるたびに社名にアライアンスとかホールディングスとか事業と関係ないカタカナ単語がプラスされていく。もうそろそろ……かな？

営業なんだけど全員ノルマが一切無くなった

今まですべての検討物件を現地で確認していた社長が、全く現地を見ずに稟議書に判子を押してくれるようになった。

何の脈絡もなく社長が社債を発行してみたいから銀行呼べと言い出した。

管理職が営業部の面々を「売上が上がらないのはガソリンの消費量が少ないからだ！」と叱りつけてた。

大手主催の入札案件に参加した時のことなんだけど、２番手入札にダブルスコアの大差で勝ったよ。

希望
感動
やる気
はたらく女性を応援し社員を大事に！
これからは感動ビジネスだっ!!
社長…感動ビジネスって何ですか？
具体的に何をするか意味が…
うるさい！感動できないやつはクビだあああっ!!
えええええっ…!?
このように経営者が解像度低めなことを言いだしたら
その会社はヤバいです！
やる気
もうやれることがなくて抽象的な目標で引っぱるしかないんですね

夢
実録！ 会社つぶれた！
～全宅ツイメンバー・あくのふどうさん氏の場合～
マンガ／西アズナブル
希望
感動
やる気
複数回倒産を経験した私が保障します
会社って倒産するんです！

わたしが倒産童貞を捨てたのは実家の建築関係の会社でした
資金繰りだよ
資金繰り！
資金繰りがな
……
お前の名義でここでお金借りてくれ
あとこの連帯保証人になってくれ
借用証
ちょっちょっ！ごはんをおかわりするようなノリで頼むことかよ
…ってしかも
これっていわゆるヤミ金じゃん…！
後日返済した時に計算したら負債は総額1200万円ほどにもなってまして……
結局父親の会社は不渡りを出してしまいました
ブツ
ずぅ
ん…
自分の誕生日だったので日付まで覚えています…

そして二度目の倒産は2005年ごろに先輩の紹介で入った会社でした
この会社は「ぐるなび」や「食べログ」の走りのような送客ビジネスをする会社でした
当時はそういうビジネスモデルが新しかったので爆発的に当たり
祝上場
JPX
あっという間にマザーズ上場
われわれは株主様に永遠の成長を約束します!
永遠の成長…
ただ
センパイここって住居専用地域ですよね結婚式場とかで運用していいんすか
飲食ってことになってるらしいこんなのいっぱいあるんだよ
法令遵守とは…?

さすがに
それはまずいと
いうことになり
不動産部門が
子会社化され
私もそこに
行くことに
よし
この歯抜けの
オフィスビル買うぞ！
買って
どうするんです？
これを
飲食店向けに
コンバージョン
（建物の用途変更）
するんだよ
権利関係
整理するぞ！
つまり
立ち退き交渉
っすね
そして…
おぉ〜
完璧に
飲食のビルに
生まれ変わり
ましたね〜
KITCHEN
ReDond
居酒屋
ディエゴ オリベイラ
当時は
こういった物件が
信じられないような
値段で売れたのです

10億で土地を買って開発した物件が50億で売れたことも
会社はイケイケでオフィスビルの家賃は坪4万!
内装費がロビーだけで2億!
親会社の株価時価総額も800億!!
おれたち勝ち組だぜ!!
不動産部門も上場するぞ〜〜〜!!
時はリーマンショックの2〜3年前でした
オオオオ
会社はド頂点を迎えていました
おおおおおっ!
しかし
2000年代後半になると……

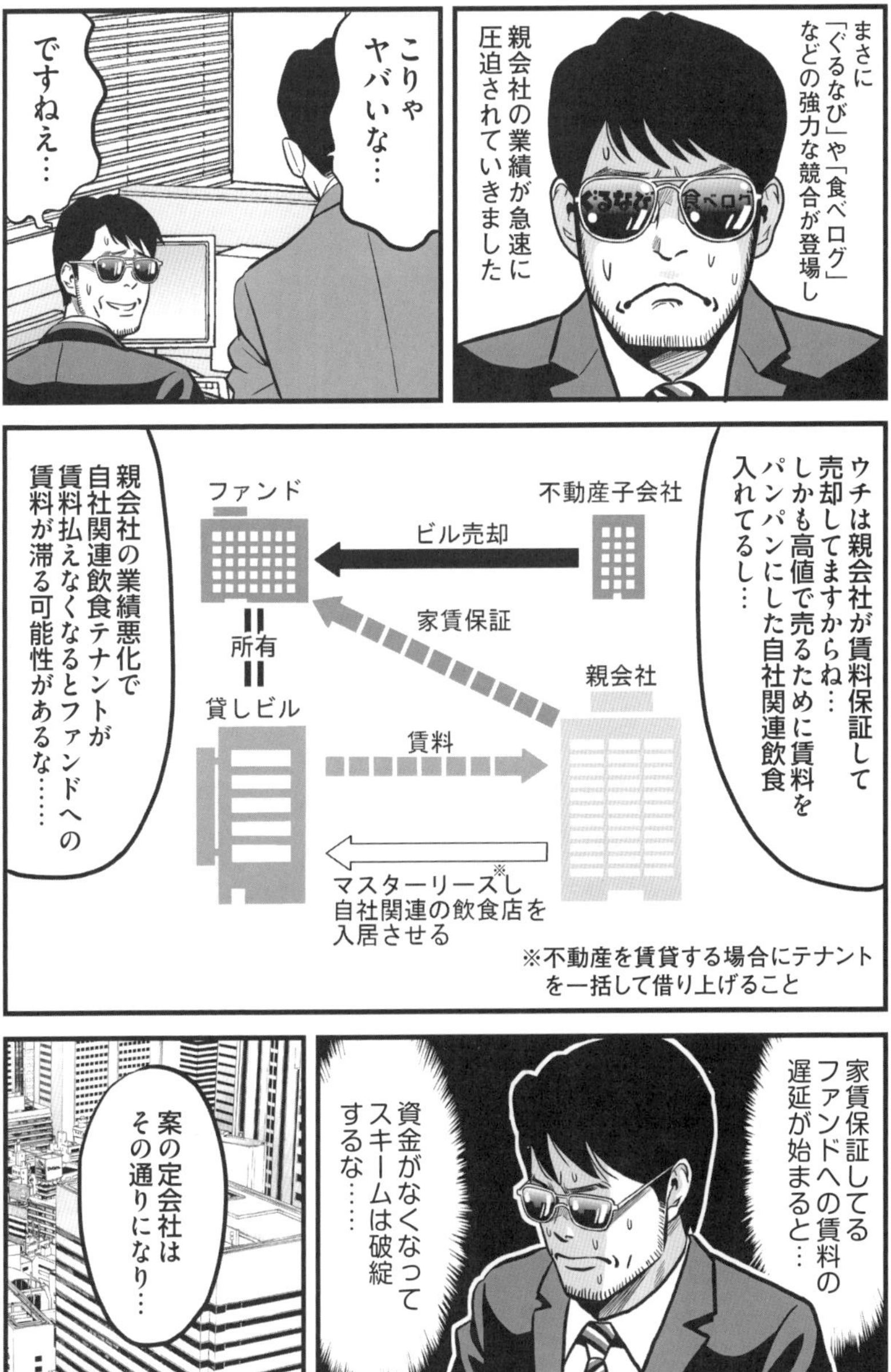
まさに「ぐるなび」や「食べログ」などの強力な競合が登場し
親会社の業績が急速に圧迫されていきました
こりゃヤバいな…
ですねえ…
ウチは親会社が賃料保証して売却してますからね…しかも高値で売るために賃料をパンパンにした自社関連飲食入れてるし…
不動産子会社
ビル売却
ファンド
家賃保証
所有
親会社
貸しビル
賃料
マスターリース※し自社関連の飲食店を入居させる
※不動産を賃貸する場合にテナントを一括して借り上げること
親会社の業績悪化で自社関連飲食テナントが賃料払えなくなるとファンドへの賃料が滞る可能性があるな……
家賃保証してるファンドへの賃料の遅延が始まると…
資金がなくなってスキームは破綻するな……
案の定会社はその通りになり…

資金繰りだ！
資金繰りミーティングだ！
ざわ
ざわ
ドドドド
うわぁ～…この光景
めっちゃ見覚えあるわ～
というわけで会社は結構な角度まで傾いてしまったわけですが
転換社債を発行しまくって、しばらく持ちこたえていました
ゴゴゴゴ
ただそうなると時価総額はどんどん下がっていき
ずぅーん
1年くらい経つと怪しげな増資ブローカーが寄ってきて
5億調達するから2・5億バックして
うわぁ～…
その時期は本当に資金調達しかしてなかったです

結局
子会社のスタッフは
全員リストラされ
めでたく2度目の
倒産を経験した
わけです
数年後…
あ…
ウチが飲食に
コンバージョンしたビルが
オフィスビルに
再コンバージョンされてる…
株式会社NS
(株)ワンダ
桑野法律事務所
あの時期
やってたことって
一体何だったんだろう…
TIGRIS
いやー
倒産なんて
しないに越した
ことはないですよね

愛人はミタ！ 1

実話コラム

1回のエッチに4時間かける絶倫社長
でも最後はあっけなく100万円でさようなら

ナオコ（仮名）**48歳**

かつて、いわゆるプロ愛人でした。六本木の小さなクラブでアルバイトをしていたのですが、ママから気に入られ、男性を紹介されるようになったのが愛人業に足を踏み入れたきっかけ。

当時の私は、バリバリの肉食女子。お金持ちの男性がいると、「いっちょ、いったるか！」というテンションで、自分から積極的にアピールしてました。

某住宅メーカー社長のKさんもお客の1人。スーツのお尻のポケットに入っている財布が、いつも札束でパンパンに膨らんでいたんです。私の中の猛獣の血が騒ぎましたね。

当時のKさんは、60歳ちょっと手前。関西地方に住んでいて、本宅はものすごい豪邸。自家用ジェットも持っていて、ゴルフなどは乗り付けていました。やり手だからか、エネルギッシュで“初老感”なんてゼロ。もちろんHの方も現役で、彼とはオモチャを使ったり、性的好奇心も楽しく満たせました。前戯を1時間して、挿入して、その後一緒にお風呂に入ってと、セックスを始めると3～4時間経つのはざら。ちなみに、私はHも好きな方なので、大金のお手当てのお礼を込めて一生懸命奉仕しましたよ。フェラチオ30分とかね（笑）。

ちなみに彼と会うのは、私の部屋。もちろん彼に借りてもらってます。当時は珍しかった高層マンションで家賃40万円。広くて掃除が大変でした（笑）。バーキンも3つ持っていたし、ダイヤモンドやエメラルドなどの宝石もたくさん買ってもらいました。彼の方としては、「若くて1番いい時代を自分に使ってもらっている」という負い目があったみたい。

そんな彼の会社が傾いてきたのは、交際し始めて２年くらい経った頃。ある日、「ごめん、これでなんとかしてくれ」と１００万円を渡されて、さようなら。あっけないもんですね。

第2章

来月、会社つぶれる

あの好況が忘れられず、ウェイウェイ気分で再ダイブ でも予想以上のビッグウェーブで沖に流され大転覆

会社の一生を四季に例えると、倒産前の半年程の出来事である「来月会社なくなる」は秋。まるで真夏の太陽のように絶好調だった時期が過ぎ去り、社内のそこかしこで肌寒さを感じるようになります。ここの冷え込みはとんでもない勢いでやってくるんです。つい昨日まで30度あった気がするのに、台風とか来ると一気に気温下がるんだよな。

でもイケイケの不動産屋さんはそれを受け入れられません。俺達の夏が終わるはずがない。あんなに最高にキラキラして、楽しくて、儲かったじゃないか。いやだ、絶対イヤだー!!　夏を探せ！　探すんだぁ!!　まるで、１９６４年に制作された、最高の波を求めて南半球を旅しサーフボードで夏を追い続けるドキュメンタリー映画『THE ENDLESS SUMMER』のようです。社長、ロバート・オーガストになっちゃったのかな。

しかし、景気のうねりは待ってくれません。シュンペーターの景気循環理論によ

れば、若きチャレンジャーが銀行からの借入を受けてガンガンイノベーションを起こすことで景気が拡大し、好況を迎えるそうです。完全に不動産屋さんのことですね。２０００年代初頭、日本では不動産流動化というイノベーションを得て、カタカナ系不動産業者がアクセル全開で不動産を開発し、景気拡大の牽引役を担いました。しかし、２００８年9月、リーマン・ブラザーズの破綻をきっかけに世界経済はグローバルファイナンシャルクライシスを迎え、日本の不動産流動化事業は一気に冷え込みます。

もっとも、世界金融恐慌は突然起こったわけではなく、その予兆は1年半前から現れていました。２００７年4月、与信の低い個人に対する住宅ローンであるサブプライムローンを提供していた米国大手銀行のニューセンチュリー・ファイナンシャルが、債権回収が進まず破綻します。これがまずい状態であるという認識を持てたかどうか。経営者としての力量はそれが全てです。２００７年7月にはサブプライム住宅ローン証券を大量に引き受けていた投資銀行ベアー・スターンズが破綻します。破綻の直前まで、ベアー・スターンズは黒字見通しを発表していたにもかかわらず、数日でいきなり破綻したさまはそれから1年後の日本の不動産会社でも何度か目にした光景でした。そのひと月後にはフランスのＢＮＰパリバ傘下のサブプライムローン関連商品を含んだミューチュアル・ファンドが投資家からの解約凍結を発表したことで、大混乱。この頃から世界は着実に恐慌への道を歩み始めていたのです。

でもほとんどのカタカナ系不動産業者はまったくその変化を捉えていませんでした。相変わらずガンガン不動産を買い、リスクの高い開発に乗り出していたのです。それらの商品が完成する1年後、信用収縮から起こる不動産の流動性の低下と価格の下落で、景気は一気に後退局面に入ります。サーフボードを持って海から上がり、嵐に備えて屋根の補強しようぜ！ってならなきゃいけない時期です。でも、人は一度得た栄光をなかなか手放すことが出来ません。まだまだあの時みたいにアドレナリン出したい。あと一本、最後にビッグウェーブ乗ってから上がろうぜ。まだいい波来るよきっと。俺達は永遠の夏を手に入れたんだ、それが終わるなんて認めないぞ！　沖から嵐が迫って来てるのに、悠長なことを言っているタイプの人が多い業界です。この業界で長く生き残っている免許番号2桁のサーファー達は、沖に白波立ってるのを見てもうとっくに陸に上がって体拭いています。海にまだ浮かんでいるのは波乗り2~3年目の無謀な若者ばかりです。

このような時期に、どんな事が起きるのでしょう。もう自力では沖から戻ってこれなくなっているサーファー。それを認められず、社内では根性論が横行したり、社長がスピリチュアルな方向に向かったりします。また、明らかに溺れかけてるってわかるのに、「全然大丈夫！　まだまだ行くから！」って絶叫するＩＲを出しまくったりします。そういうのするから余計怪しくなって社外の人に飲み会に誘われなくなったりします。社内でも、敏感な奴はどんどん転職していきます。仕事できる順に辞めていったりするので不安が募ります。いよいよ海が荒れてきて、自分が溺れていることを認めなければならなくなると、今度はなりふり構わず助けを呼びます。でも、そんな状況になっているとろくな助け舟来ないんですよね……。溺れる者は藁をも掴む。怪しい話に乗って更に状況を悪くしたりします。

でも、人って不思議なもので、会社に残っている従業員はこの状況でも「本当は大丈夫なんじゃないかな、大したことないよきっと」って思ってるんです。自分の給料は未来永劫支給されるもんだと。正常性バイアスが働き思考が停止しちゃうんです。もしもあなたの会社に次ページからのような事象が起きていたら悠長なこと言ってる場合ではありません。一秒でも早く逃げ出しましょう……。

サブリースしている物件に入居者が集まらず、毎月数億円の赤字を垂れ流す逆ザヤになっている。

契約

これ、会社が確信犯でやってるパターンとやってないパターンがありますね。確信犯の時は経営者とPM※、経理の部署だけが認知してて、どんどんやめていく。確信犯じゃない時は激詰めされる仕入れ担当。最もコイツラはいくらでも行き先あるからすぐに転職する。

※プロパティマネージャー。AM（P.53※）から受けた投資物件を現場レベルで管理・運営する。

普段マンガなど読まないおっさん達から「ジャンプ」「ジャンプ」の大合唱が聞こえてくる。

ジャンプ……これワンピース載ってるあれじゃないよ。支払い延期するってことだよ。営業と経理の偉い人が取引先に土下座しに行って手形の決済日付を変えてもらったりするんだよ、大変だね。

多くの社員が非常階段でなにやら内密な電話をするようになって、自分が電話する場所がなくなった。

なんで自分の席に電話あるのにそれ使わないのかな……？　それはみんなに聞かれてはまずい会話してるからです。若くて優秀なやる気のあるやつから転職活動し出すから、みんなはそのサイン見逃さないでくれよな！

会議室に請求書が並べられ、払わなくても大丈夫そうなのはどれかを決めるカルタ大会が開催される。

これはもう踏み倒す気満々ww　手形や小切手だと銀行に持ち込まれると即死なので、訴訟の手間もめんどくさいと思われる少額取引を飛ばしたり、関係性のあるところには担当が行って土下座してリスケしてもらったり。行きたくないウホー!

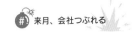

今まで地域活動に興味なかったくせに、急に消防団の会計役になったウチの上司。こっちを火消しするためアッチを炎上させる気か？

いざ会社が行き詰まると、一部の部署を残してやることが急になくなったりします。何もしない時間が不安感を増大させます。地域活動に精を出せば、地主さんが番頭として雇ってくれるかもしれない。色々な思惑が交差します。

会社の会議室で長年ほこりをかぶっていた商品在庫がメルカリで売られていた。

不良在庫の圧縮は企業再生の常套手段。でも、来月倒産するかも……みたいになっている企業では、在庫管理もままなりません。それどころか支給されない給料に腹を立てた社員がパクって横流ししたりしてるかも……。

＃手形での支払いを拒まれ、代わりに未販売住居や保有不動産での現物支払いを提案される。

手形とかいらないからあそこの土地くれない？
いやァ…それは…
値引きするからさー

信用取引である手形が拒否される……。これはもう周囲には相当やばいってことがバレてるウホ。現金がないのはわかってる、なら換金性高い在庫物件もらっちゃえ！って、ハゲタカに襲われてるウホー！

誰も会ったことない中国人スポンサーを頼りにし始めて社内でイケるという雰囲気が生まれる。

不動産流動化で規模がでかくなった会社が物件売れなくなって財務的にやばくなったときに、誰も聞いたことのない中国企業が救済するって名乗り出たウホ！
　結果だけお伝えするとその会社は1600億の負債で倒産したウホ。詳しくは「パシフィック」「中柏」で検索！

ある日を境に、社員の日報に社長が激励ポエムで返信を始めた。

科学的営業術が全盛期の今日、KPIの話してもむなしくなるくらい数字が足りない社長がたどり着くのはポエムです。「神風が吹く」とか「止まない雨はない!」って社長が言いだしたらそれはもう末期の可能性が高いウホ。

会議室が連日押さえられ、高級スーツを着た神経質そうな集団が居座り続ける。

会社がやばい気配になると、当社に対して債権を持っている人々がピリピリし出します。銀行や債権のスポンサー、監査法人がずっと広い会議室抑えます。僕らを進捗会議で締め付けた役員が借りてきた子猫みたいになってその部屋に入っていきます。

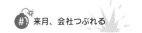

内密に動けと命じられていた物件が、いつのまにかレインズに登録されていた。

大量に素地を処分してたり、虎の子の物件売ってるのバレると「あそこはやばい」って噂が立つからバレたくないよね。「金はある!」って言ってる社長の本社がレインズ※に載せられたら赤っ恥ウホー!

※レインズ物件とは不動産流通標準情報システムの英語略称。全国4個所の不動産流通機構が運営し、基本的には不動産関係者しかアクセスできない。

マンガ以外にもまだまだあるぞ!

来月、会社つぶれる前兆!

かもしれない

\# 自社の適時開示が深夜や早朝に行われるようになった。

\# 社内の会議終わりの締めの挨拶が「メイクミラクル」という言葉になった。

\# 毎日PC画面を見ているだけだったAM※担当が営業強化の号令のもと飛込みリーシング※営業をされられる。

※アセットマネージャー。投資家から集めた資金を不動産投資によって運用し、その収益を最大化させるための業務。
※リーシング:商用不動産の賃貸に際し、借り手を見つけることから契約成立までの道筋を円滑にする業務。

\# 売却物件ではない自社ビルが勝手に売り物としてブローカーに持ち回られていた。

\# 自分自身の住宅ローンの仮審査を複数の銀行に出してたんだけど、自分の会社のメインバンクだけ返事が妙に遅かった。そして……。

\# 将来有望な人事部の中堅が何の挨拶もなしにシレッと退職している。しばらく有給ということになってたから気付かなかった。

コンプライアンス特別検証企画

あの消臭スプレーはどんだけ効果があるのか

昨年末に世間を騒がせた「札幌不動産仲介店舗ガス爆発事故」（Wikipediaより）。爆発の原因となった消臭スプレーはどれほどの効果があるのか。同じく某社の社長がセクハラ時に使用して問題になった匂い探知機を使って検証してみた。

編集：KANAI氏

この本の編集者。快適なゲーム廃人生活をしていたが無理やり呼び出され奴隷のように仕事をさせられている。

ライター：シュガー

この本の構成ライター。タピオカミルクティーにコーラを入れて飲むのがマイブームな糖尿目前の砂糖大魔神。

アシスタント：高見ちゃん

元ベイビーレイズJAPANのアイドル。コンプラ企画とだまくらかして連れてこられたレプロ所属の超絶美女ちゃん。

KANAI

皆さん突然ですが消臭スプレーって使ってますか？

シュガー

使ってますよ。仕事中に汗臭くなったら体にシュッシュしてますね。

高見

私も家で使ってますけど、さすがに体には使わないです。

上場企業の「匂い探知機セクハラ」

4

昨今、セクハラが取り沙汰されるのは珍しくない。が、今回は新たなやり口である。酒席で女性社員のスカートのなかに「匂い探知機」を入れて……。

「クンクンボディ」なる匂い探知機がある。スマホより一回り小さい機械を口やワキ、足などに押し当てると、スマホのアプリに数値が出る。

これを、地質調査会社「地盤ネット」のナンバー2である取締役は悪用した。

「地盤ネット」は2008年設立で、12年、東証マザーズに上場。震災などの影響で、家屋の液状化対策として地質調査

に依頼する

ニオン制

13年からは俳優の神保悟志、夏帆や橋本環奈、

といった女優を起用してテレビCMを流している。のちにブレイクする橋本環奈にとって、これが初の全国CMであった。

45 '19.3

「上場企業の匂い探知機セクハラ」
週刊新潮2019年3月28日号

では皆さん、
こちらの2つの事件
をご存知ですか？

スプレー100本超 引火か

札幌 爆発40人超負傷

不動産従業員
「片付けで放出」

壁が天井が 飲食店に悲鳴

折込広告は、
街に、人に、
いちばん近い広告です。

朝日オリコミ

「札幌不動産仲介店舗ガス爆発事故」
朝日新聞2018年12月17日夕刊

右のは例の「札幌不動産仲介店舗ガス爆発事故」ですね。密室で噴射しまくって、そのあとに給湯器を付けたら引火爆発したっていう。

でも左のは知らないですね。

左のは某不動産関係社のエライ人が匂い探知機を使って女性社員の匂いを測るセクハラを行ったと週刊新潮が報じた記事です。

うわぁ……サイテー！！

当該の会社のリリースでも「セクハラ行為と疑われ得る事実が発生したことを重く受け止め～」と書いてありますね。でもそれがどうしたんですか？

シュガー

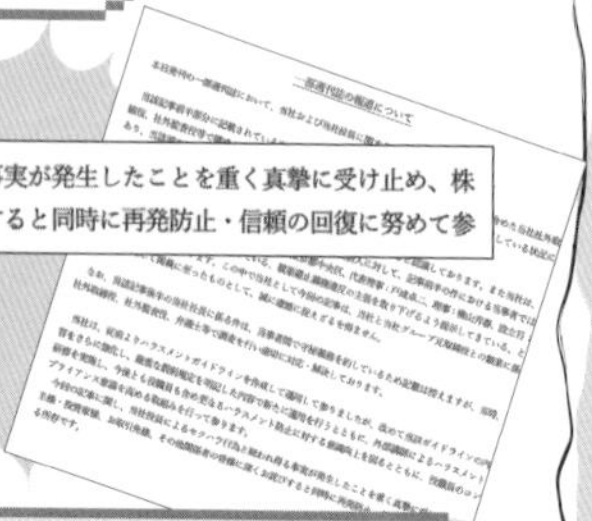

今回の記事に関し、当社役員によるセクハラ行為と疑われ得る事実が発生したことを重く真摯に受け止め、株主様・投資家様、お取引先様、その他関係者の皆様に深くお詫びすると同時に再発防止・信頼の回復に努めて参

KANAI

何が言いたいかっていうと、要は爆発させたりセクハラみたいなコンプラ違反をしたら、会社なくなっちゃうかもよという警鐘企画です。

なるほど、無理やりな企画ということは分かりました。
でも具体的には何をするんですか？

シュガー

KANAI

匂いのもとに消臭スプレーをかけて、その効果のほどを匂い探知機で測るんです。

え、まさか私の匂いを測るんじゃ……？

高見

ご安心ください。テレビ番組でよくやっているような、臭い食べ物の匂いをレベル別に分けて測っていきます。

シュガー

まあ消臭スプレーも匂い探知機もそれ単体には罪はないですもんね。あくまで使い方の問題で。

KANAI

その通りです。では試しに僕のワキの匂いを測ってみましょうか。
探知機とスマホを同期してスマホに数値が出るんですよ。

KANAI

対象から1センチくらい離して……。

シュガー

そのまま30秒くらいおいておいて。

高見

……。

KANAI

出ました。

シュガー

どれどれ……？

高見

わきの測定結果

3つのニオイ総合

36

100

少しニオイが気になります

汗臭が比較的強いようです

制汗剤(デオドラント)やぬれタオルで、汗をふき取りましょう

高見

ちょ、ちょっとこっちに
来ないでください！

シュガー

36とか、ちゃんとお風呂
入ってます？

KANAI

こんな感じで数値が出るわけなんですよ。ページ数もないことですし、さっそく測っていきますよ！

高見

でも食品に直接消臭スプレーをかけるのは抵抗がありますね。
もう食べられなくなっちゃいますし……。

シュガー

それにこの匂いセンサーは食品用じゃないですから、数値自体が正しく出るかという疑問もあります。

KANAI

ではルールを決めましょう。
こんなのはどうです？

測り方

①食材を紙皿にのせて匂いセンサーで測る。
②食材を取り出し、匂いの染み付いた紙皿に５秒間スプレーを噴射。
③３分ほど放置しなじませ、再び匂いを計測。

※計測は「わき」で統一
※食材は僕が持ち帰り美味しくいただく

高見

食材から直接計測するBeforeに対してAfterはお皿から計測するんですね。

シュガー

だから結果も、あくまで同一条件下での実験による数値ということで、必ずしも正しくないよと。小賢しいですね。

KANAI

そもそもこの消臭スプレーが食品の匂いに対して効果があるかは不明ですし、匂いセンサーも人間の体の匂いを測るのに特化してますからね。数値がすべてじゃないよってことです。

シュガー

よくこんな企画通りましたね！
しかもこんな長尺で！
全宅ツイの皆さんも呆れてますよ！

KANAI：ま、まあいいじゃないですか。
ではさっそく始めて行きますよ！

レベル1　キムチ

KANAI：まずはレベル1の
キムチからです。

シュガー：これ僕が好きな
メーカーです。

高見：おいしそうですね。

KANAI：出ました。数値は……。

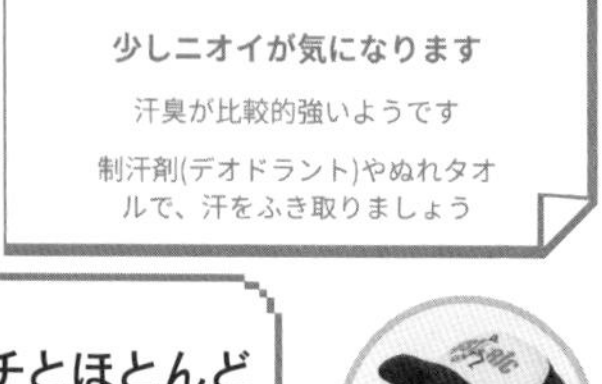
わきの測定結果
3つのニオイ総合
32
100
少しニオイが気になります
汗臭が比較的強いようです
制汗剤(デオドラント)やぬれタオルで、汗をふき取りましょう

高見：Beforeは32ですね。

シュガー：さてKANAI氏のワキ臭がキムチとほとんど
一緒だということが分かりましたが……。

KANAI：うるせえよ！
早く噴射して！

シュガー

では消臭スプレーを
５秒間噴霧して……。

高見

数値が出るまで
黙って待つ！

・・・・・・・・・

KANAI

出ました！

わきの測定結果

3つのニオイ総合

29

100

少しニオイが気になります

汗臭が比較的強いようです

制汗剤(デオドラント)やぬれタオルで、汗をふき取りましょう

おおお！

シュガー

ちょっと下が
りましたね。

高見

これ、効果あるん
じゃないですか。

KANAI

唐突に記者会見の
写真を入れますが、
伊達にため込んで
た訳じゃないっす
ね。

爆発の翌々日にスプレー缶を手に爆発事故について説明する北海道の仲介会社代表取締役社長
写真：日刊スポーツ／アフロ

レベル2　納豆

高見

さて次はレベル2の
納豆ですね。

KANAI

ではビフォアーは
……と。

わきの測定結果
3つのニオイ総合
83
100
早めのケアが必要です
汗臭が比較的強いようです
制汗剤(デオドラント)やぬれタオルで、汗をふき取りましょう

シュガー

すごい、83だ!!

KANAI

これはいきましたね。

シュガー

KANAI氏のワキの2.5倍の臭気って考えるとかなりのモンですね。

KANAI

うるせえよ。さっさとお皿から納豆を取ってスプレーを噴射してください!

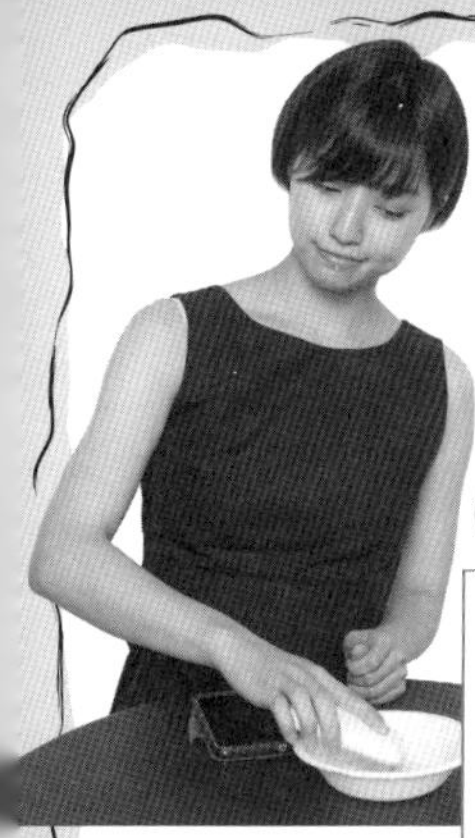

高見

それじゃ、After測りまーす！
（ちゃんと測れるのかしら……？）

わきの測定結果
3つのニオイ総合
82
100
要注意！ニオイが気になります
汗臭が比較的強いようです
制汗剤(デオドラント)やぬれタオルで、汗をふき取りましょう

KANAI

出ました。
82ですね…。

シュガー

あれ？　あんまり
変化なしですか。

KANAI

では念のためあと5分待ってから
もう1回測ってみましょうか。

――さらに5分後――

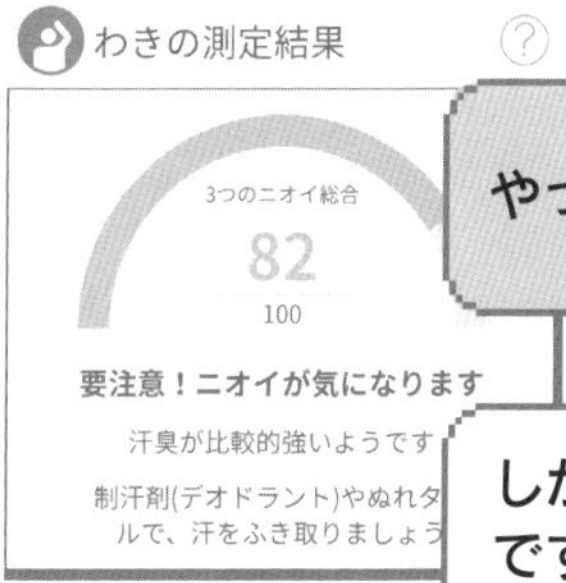
わきの測定結果
3つのニオイ総合
82
100
要注意！ニオイが気になります
汗臭が比較的強いようです
制汗剤(デオドラント)やぬれタ
ルで、汗をふき取りましょう

高見

やっぱり同じ数値ですね。

シュガー

しかも皿だけでこの数字
ですし……。

KANAI

残念ながら納豆臭にはあまり
効果がないのかもですね。

レベル3　ドリアン

KANAI

では最後にレベル3のドリアンです。
高見さん、ちょっと匂いを嗅いでみますか？

う〜ん、でもあまり匂いませんね。
ホントに臭いんですか？

高見

KANAI

では切ったらどうでしょう。
近くで嗅いでみてください。

近づいてですか？
どれどれ？

ぎゃあああああああ〜

高見さん、マジ嫌がりじゃないですか。

シュガー

いやだって、玉ねぎが腐った匂いというか……プ~ンと漂ってこないものの、近づくととにかく強烈です！

高見

KANAI

いや、でも嫌がってる顔も可愛いかったですよ。

それには同意です。

シュガー

KANAI

それではBeforeを測ってみましょう。

シュガー

高見さん、そんなに避けなくても…。

高見

いやいやいやいや！

さて数値は……！！

わきの測定結果
3つのニオイ総合
85
100
早めのケアが必要です
汗臭が比較的強いようです
制汗剤(デオドラント)やぬれタオルで、汗をふき取りましょう

KANAI：おおおおお！

シュガー：85は今日イチですね！

高見：さすが果物の王様ですね！

KANAI：さっそくAfterを測るとしましょう！ドリアンだけは皿に塗り込むことが出来ないので、カケラを測らせていただきます。

シュガー：ちょっと申しわけなさがありますが。

高見：出ました！すごい！　68ですよ！

KANAI：さらに5分置いてみたら、39になりました！

わきの測定結果
3つのニオイ総合
39
100
少しニオイが気になります
汗臭が比較的強いようです
制汗剤(デオドラント)やぬれタオルで、汗をふき取りましょう

シュガー：効いたといってよさそうですね。

高見：これはすごい効果ですね！

KANAI

さて、これまでの調査で、あのスプレーには一定の効果があることがわかりました。

ただし何度も言いますが、今回の調査は前提である条件が間違っている可能性もあり、数値が絶対とは言えません。

シュガー

KANAI

もちろん、密閉された部屋で100本以上も使ったうえ、湯沸し器をつけたりするのは厳禁です！　そんなことしたら……。

会社吹っ飛んでなくなっちゃうかもしれないぞ♥

高見奈央
（たかみ なお）

22歳。三重県出身。アイドルグループ・ベイビーレイズJAPANのメンバーとしてデビュー。2018年に解散後、TV、舞台などで女優として活躍中。ゲーム大好き。麻雀勉強中。YouTube『なおすけチャンネル』配信中。毎週金曜24:55からCBC「メイプル超音楽」出演中。毎週水曜23:00からラジオ日本「大矢·高見のしゃべりスタ！」放送中。

愛人はミタ！2

実話コラム

年収は3000万円のＩＴ兼業投資家は
タワマンで怖そうな人と乱交三昧

ゆな（仮名）**22歳**

騙されるようにしてソープの格安店でこき使われていた私が、友達のツテを辿って頼ったのが、不動産屋のTさん（当時28歳）です。「ソープの寮から抜け出したいけど家がない」と相談したところ、彼は東新宿のマンションを用意してくれました。ここで1日６時間以上チャットをやってくれれば、あとは何をしていてもいいというのが条件。チャットのお給料30万円とは別に、お手当て20万円もいただき、なんて高待遇なんだろうと思いました。ちなみに、私の他にも２人、同じような女性がいましたが、あまり気にしていませんでしたね。

彼は不動産業をメインにIT系の会社もやっていて、他にも、投資とかセミナーとか色々手広くやっていたみたい。ルブタンのトゲトゲした靴や、グッチの派手なバッグを持っていて、年収は3000万円以上あると言っていました。家は、私が住んでいるマンションの近くのタワマン。タワマンのパーティールームで交流会とかをよくしていましたね。

ちなみに、彼の仲間みたいな人もタワマンパーティーを開催していたのですが、なんと乱交パーティーの時があったんです。私も一度駆り出されましたが、さすがにつらかったですね。泣いて、「こういうのは嫌だ」と訴えました。こういう怪しいこともしょっちゅうやっていたみたいです。見るからに怖そうな男の人と、よく打ち合わせと称して飲みに行ったりしてましたから。

２年くらい、この生活ができたらいいなと思っていたんですが、終わりは早かったです。半年くらい経ったら、「ごめん、出て行って」と急に言われて寮付きの別のチャットルームを紹介され、しばらくしたら彼とも連絡が取れなくなりました。今は、何をしているんでしょうね。

第3章

来週、会社つぶれる

意外と知られていない「倒産」の種類4分類
会社がどれを選ぶかでわが身の処遇も大きく変わる

会社なくなるラスト数週間。

実を言うと当社はもうだめです。
突然こんなこと言ってごめんね。
でも本当です。

数日後に高そうなスーツを着たおじさんたちが会社に来ます。
それが終わりの合図です。
程なく新聞に飛ばし記事が載るので気をつけて。
それがやんだら、少しだけ間をおいて終わりがきます。

もうこの段階では、会社は助かりません。倒産に向けた準備を着々と進めている段階です。つらい。

そもそも倒産とは何でしょう？　東京商工リサーチによると、『倒産』とは、企業が債務の支払不能に陥ったり、経済活動を続けることが困難になった状態を指すそうです。この状態に陥った企業を放置したら企業も債権者も困ってしまうので、問題の解決に向けた取り組みが必要です。その方法は［法的倒産］と［私的倒産］の2つに大別され、［法的倒産］では再建型の［会社更生法］と［民事再生法］、清算型の［破産］と［特別清算］に4分類されます。また、［私的倒産］は［内整理］があります。ひとつひとつ見ていきましょう。

会社更生法は企業が事業活動を継続しながら再建を図る「再建型」の代表格の手法です。対象は株式会社で、裁判所から指名された管財人が更生計画を遂行して再建を目指します。既存の株式は100％減資し、会社の再生を支援してくれるスポンサーと共に、会社を経営しながら債務の弁済と企業の再生を目指すのが一般的です。倒産によって社会的な影響を与えかねないほどの大企業に対して使われるイメージです。会社更生法は多数の関係人の利害調整を要するため、手続きが非常に厳格で複雑です。基本的に経営陣は総退陣で新しい会社に生まれ変わりますが、近年は少し要件が緩和されて、経営破綻に直接の責任のない役員は管財人として残れたりします。不動産関連(以下同)ではパシフィックホールディングスや日本綜合地所、ジョイント・コーポレーションなどが会社更生法を使いました。

民事再生法は中小企業向けの法的手続きです。昔は和議法と呼ばれておりました。

対象は株式会社にとどまらず各種法人や個人までと幅広く使われます。再生を目的とする制度ですので当然に事業は継続できますし、こちらは経営者が引き続き経営にあたることができます。また、株主の地位に変動が生じません。債務者は「債権者集会に出席した再生債権者等の過半数で、債権総額の1／2以上の同意を得て再生計画を認可され、3年間か弁済を終えるまでのどちらかの期間裁判所が選任する監督委員がつき弁済の履行状況をチェックします。ゼファーやダイナシティ、モリモトといった会社が民事再生法により生まれ変わりました。

　破産法は、企業を再生するのではなく、財産を清算して消滅する「清算型」の法的手続きになります。倒産の約8割は破産です。債務者の経済状態が破綻しどう頑張っても債務の弁済が不可能になった場合、裁判所に破産手続き開始決定をしてもらうことで債務者に残ったすべての財産を換価し、債権者に公平に分配することで債権債務関係を終わりにする手続きです。これは債務者側だけでなく、債権者側も申し立てることができます。近藤産業、リプラス、ノエルなんて会社が破産しちゃいました。

　特別清算も「清算型」の法的手続です。株式会社の解散が前提で、裁判所の監督のもと進められます。特徴は、清算人が特別清算協定案を作成し債権者集会で債権者と弁済案を決められることです。大株主や大口債権者の意向を反映した精算にしたい時はこちらですね。また、業績不振の子会社を清算する場合、債務免除益の損金算入を得るために利用される事例も多くあります。旧興和不動産のケイアール不動産やニューシティーコーポレーションが特別清算を使いました。

私的倒産については、任意整理や私的整理ともいわれる「内整理」があります。法的手段に頼らず、債務者が自ら債権者と協議して整理を行っていきます。また、近年では法的整理を行うことによって「あそこは倒産した」というイメージがつき再建に支障をきたすことがないよう、公正な第三者が関与して私的整理を行っていく事業再生ＡＤＲという手法も一般的になってきました。上場不動産会社ではコスモスイニシアが事業再生ＡＤＲ第一号案件でした。

チンギス・ハンの定めたモンゴル帝国の法律『ヤサ』には、３回破産をした者に死刑を科すとの規定があったそうです。人様の大事なお金を焦げつかせる行為は重罪だったのです。翻って現代の倒産関連法制は、残念ながら倒産してしまった者の排除よりも、財政的・組織的に再建し、事業の更生と継続を許すことに重点が置かれてきています。なんていい時代なんでしょう！　自社が倒産の危機に瀕した時、やるせなさや恐怖を感じるでしょうが、挑戦する者に優しい現代の法律に私たちは守られています。必要以上に恐れることなくこれから起きることを甘んじて受け入れましょう。身を捨ててこそ浮かぶ瀬もあれ。

仲のいい経理部の女子社員に「終わるのは平成だけじゃないかもね」と言われた。すごい笑顔だったよ。

新しい元号は新しい会社で……って、こんな事あるの!?　経理とか財務が言う冗談は、いつも笑えないウホ。でも、フィーリングで仕事してる僕らと違って、誰よりもそのヤバさを実感している彼らも相当な胆力ウホなぁ……。

隣の会議室からやたらと拍手が聞こえてくるようになった。なにあれ？

会社が末期を迎えると、どんな話にも藁にもすがる思いで食いつくウホ。通常の脳みそだったら即シカトするような絵空事にも、食いついてしまう。これがさらに傷口を広げるウホ。人間って、悲しい生き物ウホね……。

昨晩遅くまで紛糾した会議の内容が、なぜか朝の日経1面に載ってた。議事録を作成する手間が省けたので良しとする。

新聞社にリークするヤツがいるのも末期ウホ。せっかく秘密裏に進めてきたのに……。でもそれリークしたのは内部の人だとは限らないウホ。スポンサー候補、金融機関、ライバル、監督官庁など、様々な思惑が交差する倒産劇は細心の注意が必要ウホ。

よく分からんが会社の入り口じゃなくて裏の窓から出入りするよう言われた。

契約

債権者が見張ってるかもしれないから表玄関を使うんじゃない！って、相当危ないところから借りてんな！

8％以上の高金利に手を出したら、感覚値80％以上は帰ってこれないウホ。

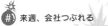

保管しとけと言われた書類を次から次へと持ってきてシュレッダーしろと言われ出す。

これは事件で飛んじゃう系の倒産会社ウホ。足がつきにくくするためや、「怒られ」を軽くするため、時間を稼ぐためなど理由はいっぱいあるけれど、帳簿書類等は保存期間が定められてるから捨てちゃうのは違法ウホッ!!

昔いた会社の話。社長から預かった大量の書類を、社長の愛人が経営していた郊外のの山カフェの庭で無言で焼却し続けたよ。

これも証拠隠滅してるwww　社長が愛人に儲からなそうな店をやらせているのはよくあることウホ。なかなか補足されづらいので悪事の証拠は愛人宅に隠すのはよくあること。マルサの女でもそうしてたウホ。

社員が仕事そっちのけでヤフーファイナンスに張り付き自社の株価をチェックし続ける。だがその顔に笑顔はなかった。

株価がもりもり下がっていくのを見るのはすごく心が痛むウホ……。俺のストックオプションが……いやもうそんなこと言ってる場合じゃない、100円切ってる……ガチで10分の1以下になったりしてお腹痛くなるウホ。

身体に負担をかけることなくすぐに土下座できるように営業社員全員にストレッチスーツが支給された。

会社がつぶれるととにかく全方位から怒られるウホ。取引先、債権者、オーナーさん、従業員、株主……。それまでのイキった細身のスーツだとケツが破けるから、ストレッチスーツ支給してくれる会社は社員思いウホなぁ。

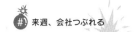

＃中途のウェイウェイ系社員がおっさんプロパー社員にキャリアシートの書き方を指導していた。

これまでプロパーで威張っていた社員が急に不安そうな表情になってるウホ。初めての転職、勝手が分からないよね。すでに経験者の中途入社社員が物知り顔でレジュメの書き方指導してるけど、お前も人の世話焼いてる場合じゃねーから。

社長の精神が崩壊して泣きながら電話で金策。それに付き合う財務担当の顔もみるみるムンク化し、頬がこけていく。

社長、泣いちゃいけない。社長の心折れたらもうその会社終わりだから。でも、金策の辛さは経験した人しかわからないウホ。これくらいの時期になると財務は若手の優秀なやつから抜けていっておっさんと臨時メンバーみたいなのでやってるウホ。

マンガ以外にもまだまだあるぞ！

来週、会社つぶれる前兆！

かもしれない

＃電動工具類など換金しやすいアイテムを大量に注文してくる会社。しばらくするとその会社と連絡がつかなくなるので注意が必要です。

＃銀行から財務に電話が沢山かかってくるが全て不在扱いにしろと命じられた。

＃会社の売却交渉を極秘裏に進めてたはずなのに、売却先の候補が週刊誌で暴露された。取引銀行からの電話が朝から鳴りっぱなしになった。

＃部下への当たりが強かった係長が突然態度を急変させて温厚になり、いい人ぶって飲みに誘い出した。だけど全員見事にスルー。

＃営業に行くと、あそこの社長、お金借りまくって返してないらしいよという話が出向いた先からポコポコ出てくる。

＃給料が支払われなくなったので課の代表が社長の自宅に直電したら、おばあさんが出て「社長はいません」。あれ、お母さんかな？

＃部長が代表を務める新設会社に自社の重要な不動産が超格安で払い下げられていたのを知った。

施工不良2万2139棟！ 赤字690億！

今の社内の雰囲気は？ 今後の見通しは？

どうなるレオパレス！

生き馬の目を抜く不動産業界のなかで「いまもっとも倒産に近い会社はどこ?」と聞かれれば、まず名前があがるのがレオパレス21だろう。サブリース問題で世間から懐疑の目を向けられ、施工不良問題で信用を地に落とした賃貸アパートの雄の内情はどうなっているのか？　レオパレスの内部事情をよく知る元社員に話を聞いた。

すべては「ガイアの夜明け」のスクープからはじまった

現在の社内の状況を見ていく前に、まずはレオパレス問題の経緯をおさらいしてみよう。ことの発端は２０１７年12月、テレビ番組「ガイアの夜明け」による報道だった。

スクープ第１弾と銘打ったその内容は、レオパレスによるサブリース契約トラブルの実態について。「賃料30年間保証」を誘い文句に個人オーナーとサブリース契約を交わすも、途中で一方的に反故にして「賃料の減額」や「保証期間の短縮」、さらには「契約解除」を迫る〝終了プロジェクト〟が組織的におこなわれていたと報道され、レオパレスの悪行が知れ渡るところとなったのである。

この報道で一躍「極悪サブリース企業」の烙印を押されてしまったレオパレスだが、「ガイアの夜明け」によるこの報道はまだ序章にすぎなかった。

翌18年5月、同番組はスクープ第2弾としてレオパレス物件の施工不良問題をとりあげる。以前からレオパレスの〝音漏れ〟は都市伝説として有名だったが、いざ天井裏にカメラを入れてみれば、実際に音漏れや延焼を防ぐ「界壁」が設置されていなかったのである。界壁の未設置は都市伝説の解明といった笑い話ではなく、立派な建築基準法違反だ。

事態を重く見たレオパレスは、火消しのために「ガイアの夜明け」放送直前に緊急会見をひらき、全国4万弱の物件の調査・補修工事を行うと発表。しかし、界壁については「施工業者の現場判断」と説明した。

トカゲのしっぽを切って逃げのびたように思われたレオパレスだったが、「ガイアの夜明け」による執拗な追跡は終わらない。年が明けて２０１９年2月、第3弾として物件の調査・補修工事がまったく進んでいない実情が伝えられると、レオパレスは再度会見を開き、一連の問題をようやく謝罪。そして、33都道府県１３２４棟で施工不良が見つかったと発表した。

施工不良問題が浮き彫りになった上に、ことごとく不誠実な対応を続けたことでレオパレスの信用は崩壊。入居率は低下し、翌3月には株価が半値になった。さらにその後、第三者委員会から「原因には工期を優先する創業社長の指示があった」と断言され、ダメ押しに「レオパレス側から『界壁はなくていい』と指示が飛んでいた」と、再び〝ガイア砲〟を食らってしまう。

自業自得とはいえサンドバック状態のレオパレスは同年5月、ついに深山英世社長と取締役全員が一連の施工不良問題の責任をとって辞任。新体制での再出発となったが、7月末の時点で施工不良物件は２万２１３９棟を数え、3月期の連結最終損益は６９０億円。改修完了時期もいまだ未定のままとなっている。

レオパレス21　創業後の主なできごと

1973年	前身である株式会社ミヤマが創業。首都圏で不動産の仲介業をおこなう
1985年	敷金無料型賃貸マンション「レオパレス21」事業を開始
1989年	東証１部上場。社名を株式会社MDIに変更
1991年	バブル崩壊でアパート建築の解約が相次ぎ、最初の経営危機に。競合の少ない単身者向けアパート管理に的を絞ることで危機を脱する
2000年	社名を株式会社レオパレス21に変更
2007年	営業利益746億円でピークに
2009年	リーマンショックのあおりをうけ、コアターゲットである期間工などの法人客が激減。急速に業績が悪化
2010年	二度目の経営危機に。アパートオーナーに対して借り上げ契約を解除する、いわゆる「終了プロジェクト」開始。最終赤字は790億円
2016年	アパート管理をビジネスの主軸にすることで営業利益が安定。3月期に復配
2017年	12月26日　テレビ東京「ガイアの夜明け」でレオパレスのサブリース契約をめぐる契約トラブルの実態を放送
2018年	5月29日「ガイアの夜明け」レオパレス特集第2弾が放送。取材をきっかけに、レオパレス21の物件の屋根裏に防火壁が設置されていないなど、施工不良問題が次々と発覚。全国4万弱の物件の調査を開始
2019年	2月5日「ガイアの夜明け」レオパレス特集第３弾が放送。第２段で発覚した施工不良の補修工事や全棟調査が進んでないことが発覚
2019年	2月7日 33都道府県1324棟で施工不良が見つかったとレオパレスが発表。そのうち入居者1万4443人に転居を要請。入居率の低迷がはじまる
2019年	3月1日 第三者委員会の設置が発表される。株価は半値に
2019年	3月18日 第三者委員会の中間報告書が公表。施工不良問題の原因には工期を優先する創業社長の指示があったと断言。さらに組織ぐるみでの隠ぺいの可能性も指摘された
2019年	3月26日「ガイアの夜明け」レオパレス特集第４弾が放送。レオパレス側から「防火壁はなくていい」と指示が出ていたことが施工業者により暴露される
2019年	5月29日 2019年3月期の連結最終損益が690億円の赤字と発表。
2019年	5月29日「業績の優先」を理由に組織ぐるみの隠ぺいがおこなわれていたと第三者委員会が認定。施工不良物件は1万6766棟に
2019年	5月30日 深山英世社長が施工不良問題による業績悪化の責任をとって退任。6月27日には取締役も一斉辞任
2019年	6月21日 レオパレス21による設計で、他社が施工した766棟の物件にも不備があると判明
2019年	7月29日 あらたに2923棟の物件にも不備があると判明
2019年	8月8日 さらに2450棟の物件にも不備が発覚。施工不良物件は7月末で2万2139棟に

以上が「レオパレス問題」のあらましである。現段階でも調査が進むにつれ違反物件は増え続けており、泥沼を抜けるきざしは見えないように感じる。その内情を元社員のAさんに聞いてみると、メジャー新興不動産が抱える歪みが改めて浮き彫りになった。

提案書は利益率25%確保が必須だった

Aさんには今回の一連の出来事を踏まえ、レオパレスの現役社員に聞き取り調査を行ってもらった。まず最初に気になるのは、『ガイアの夜明け』報道後の社内の様子。それによると、こんな〝お触れ〟が出たという。

「施工不良問題が『ガイアの夜明け』で報道されると知ったのは、放送直前だったそうです。『こういう報道があるが、真実ではないので信じないように。オーナーから問い合わせがあったときは〝現在調査中で、場合によっては法的措置も辞さない〟と答えるように』と内部指示が飛んだそうです。まあ、中にいるとどちらが正しいのかはわかるんですけども……」（Aさん）

2019年（平成31年）2月8日（金）

レオパレス1324棟 法令違反

1.4万人に引っ越し要請へ

アパート建設大手「レオパレス21」（東京）が建てたアパートに建築基準法違反の疑いが出ている問題で、同社は7日、法令違反の物件が新たにのべ1324棟あったとの調査結果を発表した。最大で住民計1万4443人に順次引っ越しを求め、補修工事をするという。このうち、641棟は天井の耐火性能を満たさず特に危険だとして、住民計7782人にすぐに引っ越しするよう要請する。

天井の耐火不備641棟

今回の問題は、建物オーナーからの指摘を受けた昨年4月からの社内調査で発覚。同月に86棟、昨年5月に38棟で延焼防止や遮音のための天井裏の仕切り壁が設置されていないなどの同法違反の疑いがあったと公表していた。その後、これまでに施工した約3万9千棟を全て調べたところ、1996年3月～2001年9月に施工した33都府県の物件で、外壁や天井などの耐火性能や遮音性が国の定める仕様と異なっていた。

「元社長のワンマン、不正温床」

レオパレス第三者委が指摘

朝日新聞
2019年2月8日朝刊より

朝日新聞
2019年5月30日朝刊より

続いて行われたのが紛糾するオーナーへの事情説明だという。社員たちはエリアを割り振ってオーナーを訪問・説明を繰り返し行い、駆け回ることになったという。

「これは２００７年の不祥事（創業社長による修繕積立金の私的利用）のときの対応と同じですね。上からは『訪問時にはリピートのお願いも忘れずに』と指示されましたが、当然、そんな雰囲気じゃなかったようです」（Aさん）

日本経済新聞
2019年5月10日朝刊より

レオパレス、赤字690億円

前期最終 施工不良で損失拡大

施工不良問題を抱えるレオパレス21は9日、２０１９年３月期の連結最終損益が６９０億円の赤字（前の期は１４８億円の黒字）になったと発表した。従来予想（３８０億～４００億円の赤字）から赤字幅が拡大する。最終赤字は8年ぶり。追加調査で施工不良が判明した物件数が増え、補修工事などの損失引当金が膨らんだ。

19年3月期の下方修正は4度目。同社は18年4～12月期にアパートの不備にかかる特別損失として４３０億円を計上。これまで「追加の補修費用は発生しないと考える」と説明してきた。新たな物件判明などで補修費用が想定を上回り、19年1～3月期に１１７億円の損失を追加計上する。

一連の問題を受けてアパート入居率が下がったため、損失引当金として96億円を新たに計上した。同社の株主資本は昨年12月末で１０５８億円。

前期の売上高は前の期比5％減の５０５０億円。従来予想の５１００億～５１６０億円から下方修正した。不備のある物件で入居者の新規募集を停止しており、家賃収入が減った。

経営責任を明確にするため、深山英世社長の月額報酬の60％を5月から11カ月間減額する。

一方で、スクープ前に社内で物件に関して〝黒い話〟を耳にしたり、実際に目撃することはなかったのだろうか。

「問題となったシリーズが建てられていた時期はまさにレオパレス全盛のころで、建築営業が作る提案書は利益率25％の確保が必須となっていました。最終的には40％前後になるなんていわれていましたが、そんな数字をもってくるには下請け叩きだけでできるわけがありません。とはいえ、この利益率は落とすと歩合にも影響するので、作るほうも下げるわけにはいかないんです。既報以外の話だと、私が実際に現場で見たのは基礎立ち上げの際に、あまりよろしくないグレーなことをしていましたね。ほかにもコンプライアンス的な違反も多いです」（Aさん）

無理矢理に利益率を上げようとすれば、どこかに必ずしわ寄せがくる。Aさんは自身の社員経験もまじえ、レオパレスという会社の根本的な部分の問題点にも言及する。

「創業社長が拓殖大学の応援団出身で、都合の悪いことがあると『ワシの後輩に一声かけて乗り込んだる!』というような滅茶苦茶な人でしたから。そもそも〝建築基準法〟なんて概念が通用しないような人でした」（Aさん）

そうした創業社長の気風も、レオパレスが建築基準法違反に手を染めるひとつの要因だったのだろう。第三者委員会が指摘したように、「（施工不良は）レオパレスからの指示の可能性もある」という見解についてはこう話してくれた。

「現在、違反をしている物件はエリアによってかたよりがあります。この事実から考えると、施工業者によって『やった、やっていない』が分かれると思うんですが、そもそも下請け業者をそうした状況に追い込んでしまったのは、過度に下請けを絞るレオパレスの構造が原因です。また、営業段階で利益が低い物件については、特別になんらかの指示があったのではないかと思います。これは担当者に聞いた話ですが、請負契約書に盛り込む施工図と、下請け業者に渡すオフィシャルな施工図（建築確認申請で利用したもの）のほかに〝実際に〟施工に使用する施工図があったらしいです」（Aさん）

問題が発覚したのち、実際に改修工事を終えた物件はいまのところ、わずか８７５棟。レオパレスは本当に、施工不良物件をすべて建築基準法に則したものに修繕するのだろうか。

「いつまでかかるかはわかりませんが、すべて修繕する方向で動いているのは間違いないようです。ただ、いちど家屋を壊さないと違反が判明しないような物件もありますので……それはどう

レオパレス21
最近の入居率と受取家賃ベース入居率の推移

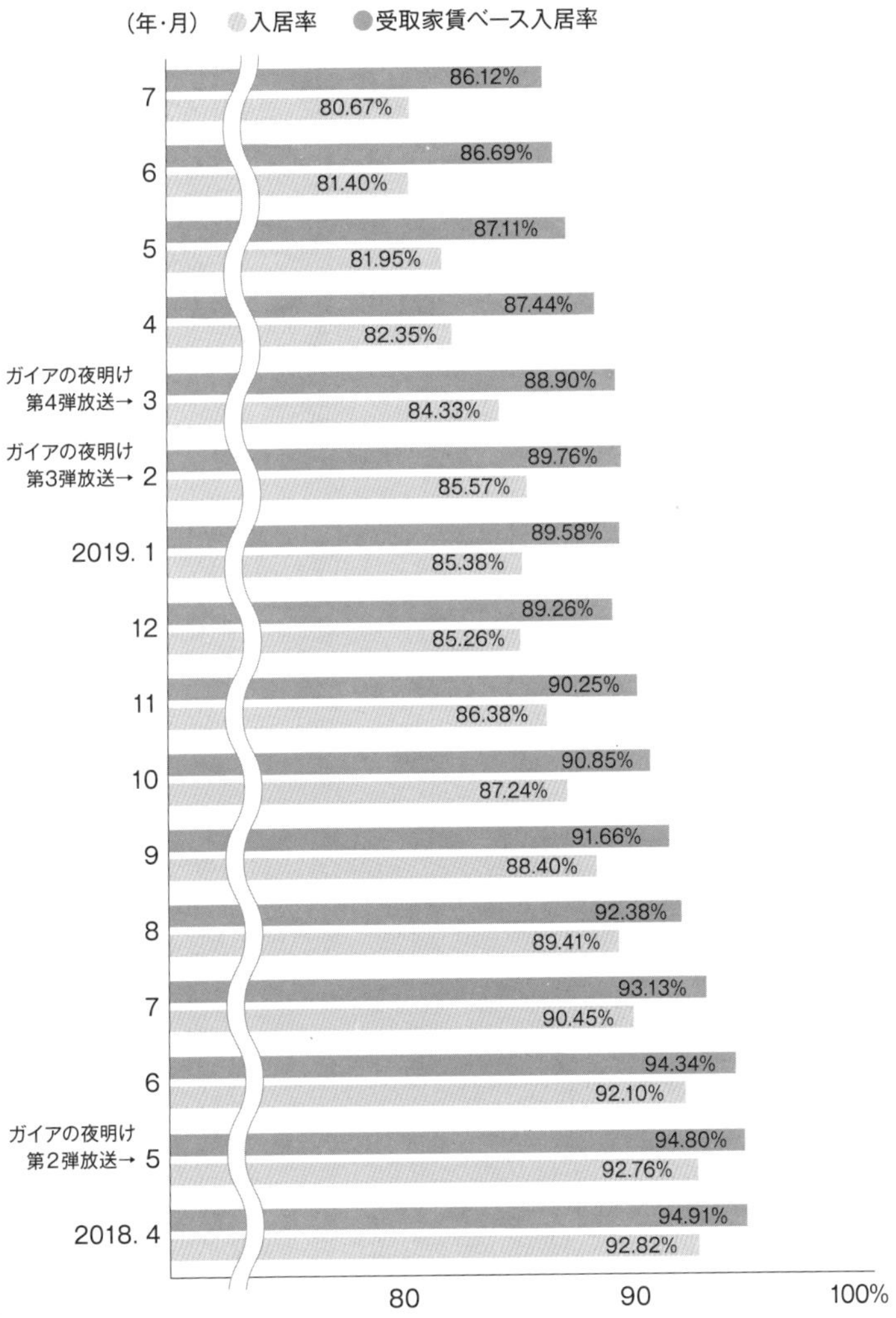

※レオパレスＨＰより作成。
ＨＰでは決済期ごとの年月で表示されているが、ここでは実際の年月に修正した。

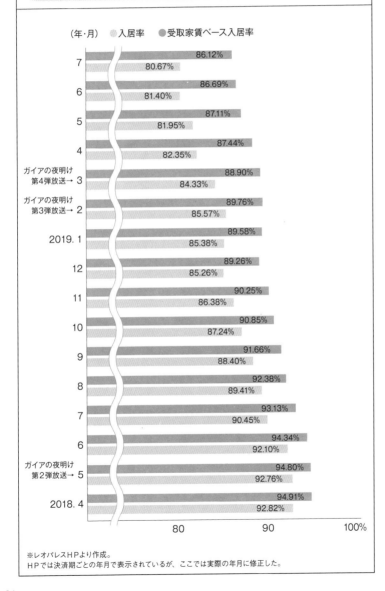

なるのかと」（Aさん）

すべて修繕すると決めても、まだまだ課題は山積みなようだ。これから先、レオパレス以外の会社でも同様の問題が起こる可能性もあるという。

「もしレオパレスが倒れたとしても、同業他社は多数存在するので、社会的な構造が変わらないかぎり起こりうると思います。施工不良問題とは直接関係ありませんが、ハウスメーカー系の不祥事は頻発しているわけですし」（Aさん）

退去物件は調査にまわされ、空室在庫を圧迫

報道後、レオパレスの新規営業が壊滅的になったであろうことは想像にかたくないが、Aさんの聞き取りによれば社員のタスクにも変化があったという。

「新規営業をかけていた建築営業部隊が既存オーナーにリピートを提案する業務にシフトし、従前その業務をおこなっていた『お客様相談室』という部署の人間は、もっぱらお役所に対する申請関係を手伝うことになったようです。また、賃貸部門については、入居者に退去・転居してもらった物件は現場確認にまわされて入居ストップになるので、どんどん空室在庫がなくなり開店休業状態のようです。とはいえ、こんな状況でも『レオパレスしか借りられない』層の方々は一定数いるので、来店数ゼロというわけではありません」（Aさん）

Ｐ．91のグラフを見ていただければわかるが、入居率は低下する一方だ。社内では報道を機に、退職者は増えたのではないだろうか。

「実はそれ以前にリーマンショック後から人員の整理に入っていて、まずは設計部署で一級建築

レオパレス21
最近の管理戸数と契約済戸数の推移

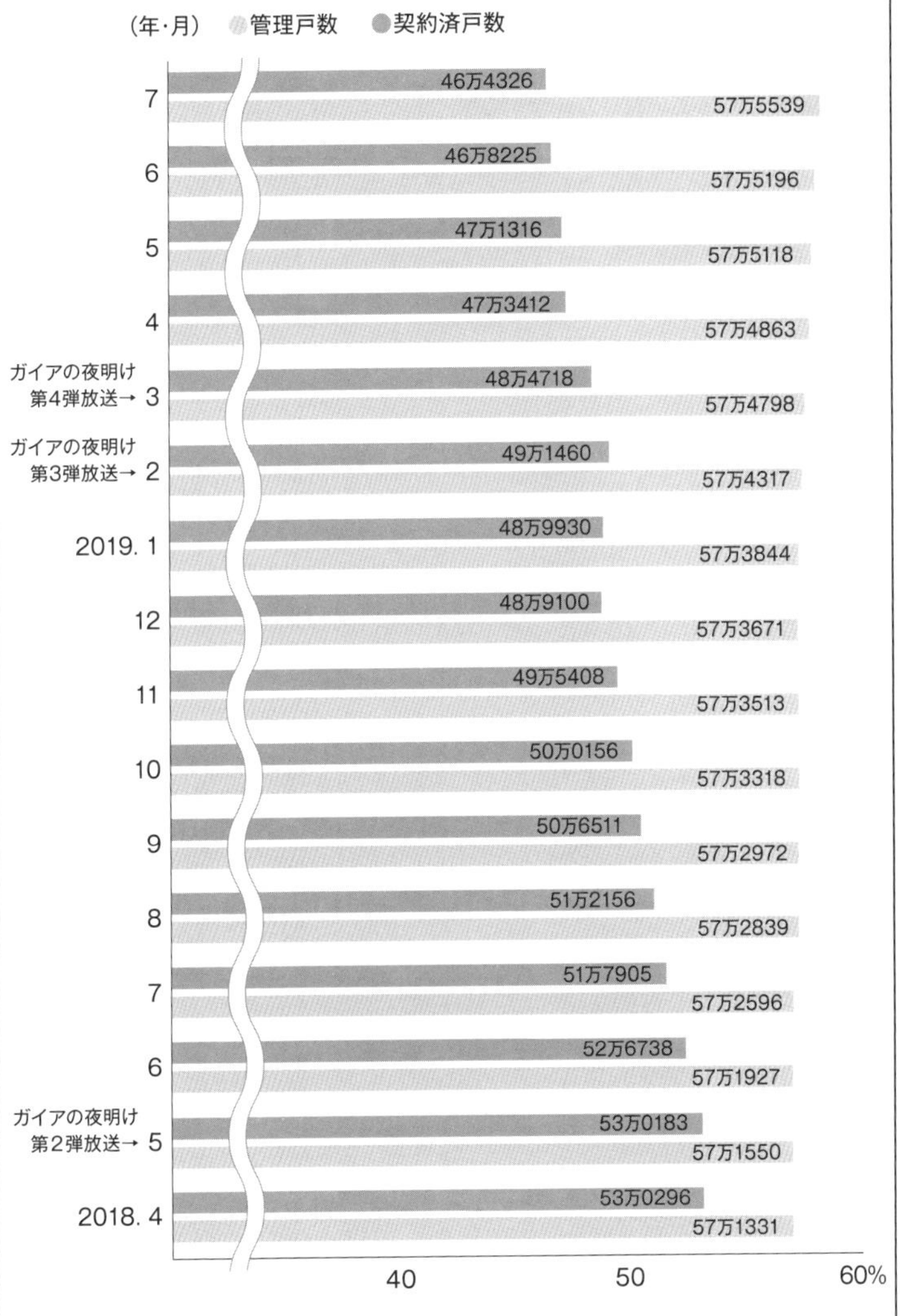

※レオパレスＨＰより作成。
ＨＰでは決済期ごとの年月で表示されているが、ここでは実際の年月に修正した。

士資格を持っていない方、施工管理部門では一級施工管理技士資格を持っていない方、双方の部門で営業の覚えが悪い方などが異動させられていました。異動先はもちろん建築営業です。そんなことが断続的に続いていたし、建築営業の入れ替わりは激しいので『報道前に比べると』という観点からだと、それほど退職者は増えていないようです。とはいえ、この期におよんで残っているのは行く当てがない方だとは思います。辞めた方の転職先は多種多様で、同業他社や売買営業、賃貸営業などさまざまです。異業種の営業にいく方もいれば、社員独立というかたちでレオパレスＦＣに加盟する人もいました。個人的には、せっかくレオパレス本体から離れられるのに、またレオパレスと絡まなくても……とは思うのですが。ちなみにレオパレスの一番下っ端営業がすることは『地主にアポをとる』ことだけで、そこから先の折衝やプランニング、原価算定などは上司がやるので不動産知識は全然つきません。それゆえ上にいけなかった人は、同じようなところに転職しているようですね」（Ａさん）

　それでは騒動を経て、社内の雰囲気はどう変わったのだろうか。

「建築営業が幅をきかせる『パワハラ上等イケイケ体育会』な感じはなくなったそうです。新築の契約がとれないわけですから、そういった方々はアイデンティティを奪われておとなしくなってしまったようです。終業時間も早くなったので、夜中に仕事を終えてキャバクラ↓雀荘↓自宅でデリヘル呼んだら朝になって出勤という、『これぞ新興不動産』みたいな働き方も、もう皆無らしく、よくも悪くも『普通の会社』になった。ちなみに、家族持ち以外の社宅はレオパレスです。部屋はいっぱい空いていますから（笑）」（Ａさん）

　余談ではあるが、「チャイムを押したら同じ階の住民が全員出てきた」「左隣の部屋が壁ドンしてきたら右隣の部屋がやり返してきた」というような、まことしやかに語られる〝レオパレス都市伝説〟は実際にあるのだろうか。

「チャチなカードキーが主流だったころ、各住戸のキーがすべてマスターキー仕様になっている物件がありましたね。酔っぱらって帰った入居者が間違って隣の部屋に入り、後から帰ってきた本来の住人が自分の部屋に入ったら人が寝ていたので、そのまた隣の部屋に入って一晩過ごした、というようなことがあったそうです」（Aさん）

では最後に、今後レオパレスはどうなるのだろうか。社長と取締役が退任し、負債総額は６９０億円とも報じられたが、果たして倒産をまぬかれることはできるのだろうか。

「取締役は退任しましたが、会社には残っています。現在はオーナー会を全国で実施して、火消しにまわっているようですね。倒産に関してですが、私はしないと思います。というのも、以前は『高利益率の建築受注をとるための高借り上げ賃料』というのが会社の気質であったため、建築部門の利益率が40％近くあっても、賃貸部門の損益分岐点は90％前後だったんです。それがリーマンショック以降、賃料改定部署を設けて逆ザヤになっている物件の賃料減額や解約プロジェクトをやりきった結果、賃貸部門の損益分岐点が80％まで下がったと聞いています。これなら賃貸部門は黒字だと思うので、日銭の入る家賃収入がある限りは、すぐに倒産するということはないのではないでしょうか」（Aさん）

現在、同業他社に転職したというAさんは「待遇は下がりましたが、精神的にはとてもラクです」と笑う。彼によればすぐの倒産はないとのことだが、果たして今後レオパレスはどのような道を進むのか。まだまだ目が離せそうにない。

実話コラム

愛人はミタ！3

「社長」っていうから愛人になったら会社は田舎の“負”動産会社だった

愛花（仮名）24歳

40代のWさんは、私が働いているキャバクラに遊びに来ていたお客さん。中規模企業のサラリーマンだから年収は500万円くらいかな。いつもオープン直後にやってきて、飲むのはハウスボトル。女の子にもドリンクを奢ったこともなければ、同伴もナシ。1時間きっかりで帰るので、「しょぼくれた客だなー」と思っていたんです。でも、何度か席につくうちに、「不動産屋の社長を副業でやってる」「土地や物件をいくつか持ってる」などと大きなことを言うようになったんですよね。

こっちは営業トークで、「すごーい、そんなに不動産持ってるなら私にもくださいよ～」とか言うじゃないですか。そしたら、「いいよ、1軒くらいだったら」なんて軽く言うんです。で、お決まりの「店外デートしよう」です。

店外デートしたときに、「愛人にならないか？　お手当てとして物件あげるよ」と口説かれて、「マンション1部屋とかもらえるのかな？　ラッキー!!」なんて勝手に想像して、何度かHしちゃったんですが……。

「ねえねえ、来月私の誕生日なんだ。そろそろちょうだい♪」

なんておねだりしたら、くれたのは山林の権利書。しかも、北海道のど田舎……。えっ、なにこれ?って思って、「どういうこと～?」と引きつった笑顔で聞いたら、彼の実家が田舎で小さな不動産会社を持っているそうで。アパートや山林、田畑などをいくつか抱えていて、彼も取締役に入ってるんだとか。「父が死んだら、会社継がなきゃいけないんだよね。社長夫人にならない?」なんて言われたけど、そんな田舎の不動産から得られる収入なんてたかが知れてるし、むしろ負動産な気も……。それ聞いて、とっととお別れしましたよ。本当、やらせて損した!!

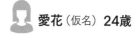

第4章

今日、会社つぶれる

「いつ来るの？」とビクビクしながら待つものの〝ザ・デイ〟はヤフーニュースで知ることに……。

「えー、当社はさきほど民事再生法適用の申請をしました。力及ばず申し訳ない……ウッ……。ズズッ……。従業員の皆様には大変なご苦労をおかけしますが、どうかご理解いただきたいっ!!」

社長の涙声の演説を聞いている。社長は号泣し、何度も社員を路頭に迷わすことを侘びた。しかし私にはその声がとても白々しく聞こえ、冷めた心でその光景を見ていた。よく晴れて空が高い10月の金曜日だった。

……なんて昔のことを思い出して、ちょっとセンチメンタルになってしまいましたが、実際社員への伝達はこんな感じでした。倒産する直前のことを振り返ってみましょう。もう、最後の週は「いつ来るの？　今日？　明日？」みたいな感じでした。明らかに売上が伸びてない。全社で公開されていた数字が、いつからか公開されなくなっている。巨大プロジェクトがしこりまくっている。しょっちゅうマスコミに株式会社○×倒産間近か!?　って書かれるのはとっても精神的にきました。

でも、会社がどうなっちゃうのかは社員には全然教えてくれないんですね。それはそうですよね、「当社は来月倒産する予定です」とか社員に言ったら速攻転職されちゃうもんね。一定以上の規模の会社になると、民事再生法または会社更生法、私的整理を使って債務整理のうえで再生を目指すのが一般的です。倒産する会社にお金とモノはありません。残される経営資源は人だけなんです。沈みゆく泥舟に残ってしまった人は損切りできないタイプの人です。「船が沈みます！」って伝えると、どんなに優柔不断な人でも海に飛び込むんです。でも、「まだ沈まないはず……。きっと待ってたら助けが来るよ」と言われると、極めてその可能性が低くても、沈まない方に賭けてしまう生き物なんです。正常性バイアスって恐ろしいですね。結局会社から直接倒産したことを告げられるより先に、ヤフーニュースで自社の倒産を知ることになりました。金曜日の15時過ぎのことでした。その後17時からの全社集会が冒頭のシーンです。

全社集会が終わり、ふわふわとした足取りで帰り支度をしていると、課長が飲みに行こうと誘ってくれました。正直会社のことは好きだったので、こんな目に合わせやがって、みたいな負の感情はあまりなく、まあ俺達も悪かったよな、参っちゃったなー、これからどうしようかなーみたいな話をし、スナックで歌を歌い、中国マッサージを受けて帰宅しました。奥さんは既に寝ており、翌朝会社つぶれちゃったと伝えたところ、「ふーん、そう。ま、しょうがないんじゃない？　頑張りなさいよっ！　あたしは絶対専業主婦やめないからな！」と活を入れられました。気弱になっている夫を気遣い、気丈に振る舞ってくれている彼女の気持ちが伝わってきて、情けないやらありがたいやら。と、勝手に解釈していましたが、あれから10年たった今でも奥さんは専業主婦をエンジョイしているので、本当にただの自己主張だったのかもしれません。ポリシー感じる。

私の経験した倒産劇はこんな感じですが、これは割とホワイトな倒産だったかもしれません。世の中には本当にひどい経営者もいて、銀行も取引先も社員でさえも泣かせて自分だけが少しでも金を掴んで逃げる、みたいな絵を描く社長さんもいます。戸建て屋さんで資金繰りが悪化しており1ヶ月先に資金ショートすることがわかっていたのに、個人相手に格安で新規の請負を受注し、手付金だけ貰って会社を飛ばしちゃった人もいます。また、社員にも内緒で夜逃げしちゃう経営者もいるみたいですね。貰っていない給料も立派な債権です。

そもそもなんでつぶれちゃったんだっけ。財団法人企業共済協会では倒産理由を次のように分類しています。

1．放漫経営　2．過少資本　3．他社倒産の余波　4．既往のシワ寄せ　5．その他の偶発的要因　6．信用性低下　7．販売不振　8．売掛金等回収難　9．在庫状況悪化　10．設備投資過大

　うーむ、どれも厳しい。不動産業で起きがちなのは？　どんどん危ない取引に踏み込んでいく経営陣、高金利の熱い借金を背負う、ＪＶ先の倒産の握りっ屁を食らう、うまくいってない事業も気合で放置、社長がシャブで逮捕、銀行に見放されて調達できない、販売物件がしこる、仲介手数料払ってもらえない、地価が下がって不良在庫化、立派過ぎるオフィスに引っ越しする。うん、全部ですね。どれも聞いたことある。でも安心して下さい。２０１８年、１０００万以上の負債の倒産は帝国データバンクによると８０６３件あったそうです。あなたと同じ思いをした会社が他にも８０００件以上あるんです！　負債総額１兆６２５５億５２００万円です！　気にすることありません、また復活すればいいんですから。ちなみに私は前職で会社に●●●億円の損害を与え倒産させてしまいました。一生頑張って働いても、生涯の収支はプラスになる可能性は低いでしょう。死にたい。

ヤバイとは思っていたが、遂に「本日の業務は16時に終了して全社員17時までに本社に集合して下さい」というメールが届いた。

社内各位
本日の業務は16時に終了して、
全社員17時までに本社に集合して下さい。

これはきますねー。大体倒産の発表って金曜日の後場終わってからなんですよ。だから、金曜の朝にこれ聞くと、「あ、ついに来るな」って思うウホ。で、15時にプレスリリース見て、ザワザワした中で全社集会に突入。あーつら。

お経みたいな声が聞こえると思ったら、社長が震え泣きしながらRIP SLYMEの「ONE」を歌っていた。

こんな夜はっ！　そうさっ！　どこかっ！　遠く離ればいいっ！って社長が歌ってたら夜逃げする気満々ウホ。大家さんのために残置物の所有権放棄する旨一筆残していってね！　それないと大変だから。それぞれひとつのLife 〜それぞれが選んだstyle 〜。

※JASRAC 出 1907678-901

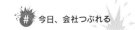

出社したら会社のドア前に「公示」が貼られていた。

これは突然亡くなったパターン。社員に知らせずに会社潰しちゃってますね。債権者が保全のために社員を入れない。自分の私物さえ取りにいけない。あれ、今月の給与振り込まれるのかな……無理だよな……。

#「今日これ乗って帰って」と言われたクレジット残高のある社用車。翌日それ乗って会社行くと、もぬけの殻だった。

残価設定型クレジットで買った社用車……。それ会社のものじゃなくてディーラーが所有権持ってるウホ。上司は退職金のつもりで車くれたのかもしれないけど、それすぐにディーラーの怖い兄ちゃんが取り返しに来るウホー！

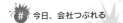

なぜか平日の朝6時に出社命令が出て、始発で行ったら会社の備品がすっかりなくなっていた。ハゲタカ？

債権者に気づかれる前にバッタ屋に金目のものは売り払っちまえ！　逃走資金作るぞ！　まるでナニワ金融道の世界ウホ。逃げちゃうとその後の生活大変だから、ちゃんと整理したほうがいいウホ……。

高そうなスーツの集団が帰ったと思ったら、その筋の人っぽいのが集団で来て社長室からソファーとか持ち出し始めた。

エリート金融マンが会社の状況確認して回収可能性低いと判断されたのかな……。これは間違いなく債権譲渡されてるウホ。動産執行されてるってことは公正証書巻いてたのかな。せ、正規の業者さんだといいね……。

新入社員で入った会社なんだけど、社員の大幅削減が発表され同期全員が半年で解雇させられたよ。

「お前達の雇用は俺の首をかけてでも守る!」と絶叫していた部長は未だにあの会社にいます。これ、一見鬼みたいに見えるけど不景気でも第二新卒は引き取り手があるから沈みゆく船に乗ってるより脱出したほうがいいっていう親心ウホ……。分かってあげてね。

会社の状況を聞こうと経理部に駆け込んだら部員が諦め顔で麻雀してた。

経理仕事放棄してるwww なんか、もうどうしようもないときって前向きな事する気力なくなるんだよね。でも暇も辛い。非生産的な賭け事とか、ゲームがすごいしっくり来るんだよね。グリップ君もずーっとTwitterしてたウホ。

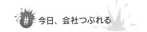

出社したら緊急の朝会が発動され、社長のお悔やみ文朗読のあと涙目で「解散！」と……。

「厳しいかと思いますが、これからは各々頑張って生きてください。……解散!!」って、ホームレス中学生かよwww　ベストセラー小説www　首切られた社員も辛いけど、社長が一番辛いんだよ、わかってあげてね。

マンガ以外にもまだまだあるぞ！

今日、会社つぶれる前兆！

かもしれない

＃田舎の両親から突然電話がかかってくる。留守電には自分の知らない倒産情報が残されていた。

＃いつもビシッとしている経営企画室長のもみあげが乱れている。

＃なんの脈絡もなく「従業員の皆様へ」というタイトルのメールが社長から来る。

＃社員向け説明会の後、ふわふわした気持ちで課長と新橋に飲みに行き、カラオケ→マッサージをはしご。最後の贅沢をする。でも全然気持ちが晴れない。

＃独立系某社の面接に向かう途中、新幹線の中で某外資に買収されたと日経新聞で知らされた。

＃帰宅後、嫁さんが気丈に振る舞っているのを見ると余計に己の不甲斐なさを感じて悲しい。

いかにして倒産したのか？

スキームとスルガ銀行の闇

朝日新聞2018年4月11日朝刊より

足立区だけで120棟の大乱立！　被害者はこうして生まれた!!

２０１８年に倒産したスマートデイズ（以下スマート社）。女性専用シェアハウス「かぼちゃの馬車」をはじめとした、投資家向け物件の販売を行なっていた不動産会社である。

このスマート社の倒産劇は一躍世間を賑わせたが、その理由は、スルガ銀行との深いかかわり合いにある。要は、販売していた物件に法外な値段がつけられており、その金額に対しスルガ銀行がフルローンを組んでいた――つまり、当時、金融庁長官だった森信親に〝地銀の優等生〟と呼ばれていたスルガ銀行が、スマート社の詐欺スキームに乗っかっていたことが判明したからだ。今回の記事を監修した加藤博太郎弁護士はこう語る。

「かぼちゃの馬車案件を担当したことでわかったのですが、スルガ銀行の各支店には、〝お抱え詐欺師〟ともいうべき存在がいるんです。かぼちゃの馬車

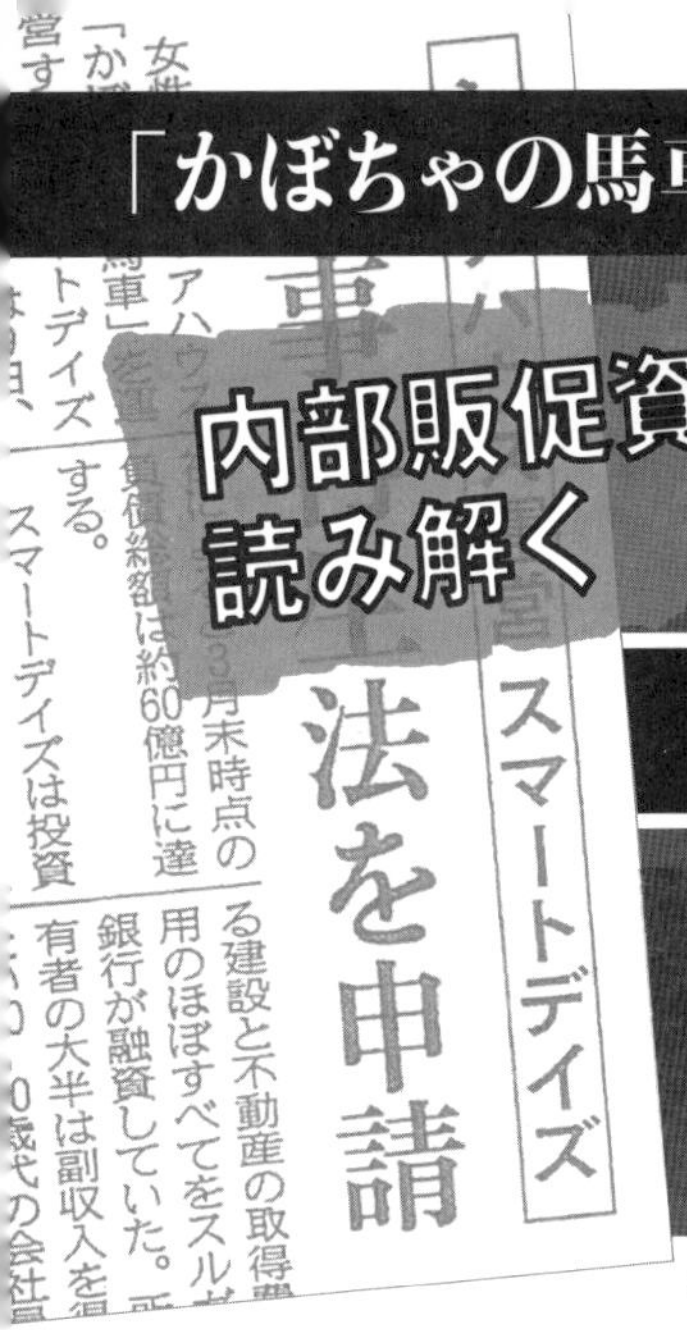

日本経済新聞4月10日朝刊より

「かぼちゃの馬車」運営スマートデイズは
内部販促資料で読み解く 詐欺
不正融資に加担した

シェアハウス「かぼちゃの馬車」を運営していたスマートデイズ社が倒産したのは記憶に新しいが、そこには投資家から金を絞り戸津だけ搾り取る、驚愕の詐欺スキームが存在した。それを知っていたうえで投資家に湯水のごとく融資したスルガ銀行の罪も重い。

では横浜東口支店がタッグを組んでいましたが、ゴールデンゲインでは渋谷支店、コーポレートプランニングのデート商法では中央林間支店と組んでいました。スルガの行員は彼らと口裏を合わせ、収入や資産を改ざんを行い、甘い審査基準でどんどん融資を行った。そのことにより、被害が増大してしまったのです」（加藤弁護士）

では、さっそく、その巧妙な連携ビジネスを紐解いていこう。

まず、スマート社とは一体どんな企業だったのだろうか。ビジネスモデルがやや複雑なので、P.115をご覧いただきつつ、読み進めてほしい。

法人の設立は2012年8月。当初はスマートライフとして運営を行っていた。当時の物件は、山手線内側や沿線、私鉄でも三軒茶屋など人気スポットで、駅から徒歩5～6分程度の土地にシェアハウスなどの物件を建築し、投資物件として販売していた。

この、スマート社設立の初期に購入した投資家たちは、「非常に良い物件を購入した」と満足している人が多い。建物自体は安普請ではあるが立地が良いため、入居者に困ることもないためだ。ちなみに安普請なのにも意味がある。それは、スマート社が建築会社からキックバックを受けていたからだ。営業力がなく、仕事の少ない建築会社に安価で施工を頼み、スマート社が建築費を中抜きするため、安普請にならざるを得ないのだ。

売り文句は、不動産の建設だけでなく管理・運営をもスマート社が一括して行う〝家賃保証〟をする「サブリース」特約を設けていたことだ。某販売会社が販促用に制作した内部資料をP．１１７に掲載したが、そこにはしっかりと「30年間完全定額家賃保証」の文字が躍っている。この家賃保証の根拠についてはP．１１９およびP．１２１を見てほしい。地方から上京してきた若い女性たちに仕事を与える人材派遣会社と提携しており、だから「次から次へと入居者がやってくる」と宣伝していたのだ。

今となっては「夢をもった女性たちを一緒に応援しませんか」（P．１１９下）の文字が寒々しい限りだが、要は仕事がなくて困っている地方の女性や、なかなか物件を借りられない外国人やシングルマザーに、住居だけでなく仕事をも与える〝社会貢献型事業〟として投資家の心を掴んでいったのである（※男性と外国人向けのシェアハウス「ステップクラウド」、シングルマザー向けシェアハウス「シングルマザーハウス」も展開）。

これらの物件を販売するために、販売会社が〝投資セミナー〟を行っていたのも特徴的だ。販売会社は投資セミナーを開いて投資家たちを募り、スマート社から仕入れた物件に価格を上乗せして販売していた。どれくらい上乗せして販売するかについては、販売会社の良心によって左右

スマートデイズ　創業から破産までのできごと

2012年8月	株式会社スマートライフ設立
2014年5月	「賢く幸せな女性の人生」をテーマに掲げたシェアハウス「かぼちゃの馬車」事業を開始。ベッキーのCMで話題となる。美容や婚活情報など、提携先企業との連携によって様々なサービスを提供することが特徴としていた。
2015年7月	有料職業紹介事業者登録を受け、職業紹介事業を開始。
2016年5月	入居者を男性や外国人、法人など多様な層を対象にしたシェアハウス「STEP CLOUD」キャンピングカーによる一時宿泊・送迎サービスを行う「キャン泊」事業を開始。
2016年10月	入居者をシングルマザーに特化した寄宿舎シェアハウス「シングルマザーハウス」事業を愛知県名古屋市で開始。
2017年3月	22歳の川原あやか氏を総合プロデューサーに迎え「女性のライフスタイルを叶えるためのシェアハウス」をキャッチコピーに掲げた女子力UPの女性向け寄宿舎シェアハウス「LIRY」事業を開始
2017年10月	社名を「スマートデイズ」に変更。
2018年4月	東京地方裁判所に民事再生法の適用を申請するも、棄却され、同年翌月15日に破産手続開始決定を受けた。債権者は3月末時点で911人、負債総額は60億3500万円。
2018年6月	清掃要員の人材派遣を手がけていた関連会社の株式会社ステップライフも破産手続開始決定を受けた。

されるうえ、間に入る販売会社が2社、3社にまたがることもあり、最終的には5割近い価格が上乗せされていたケースもあるというから非常に悪質だ。それでも購入者が見つかってしまえば、100%スルガ銀行が融資の審査を通し契約が成立するため、価格をどれだけ吊り上げても「売れない」という事態にはならず、販社の懐事情は潤うばかり。上乗せするのも当然である。

　こうして価格が吊り上っていったのが、2014年〜2016年の中期であるが、ここで初期に買った人たちが活きてくる。なんと、〝広告塔〟として、セミナーに登壇し、中期から後期に購入する投資家たちに「この物件を買って良かった」と自分の成功体験を語るのだ。

　投資に興味のなかった人たちもP.119などで示した販促資料を目にし、「社会貢献になる事業だ」と、感動を呼ぶセミナーに心を動かされてしまうのだ。

　しかも、投資家たちはエリートサラリーマンや医師や士業が多く、忙しい毎日を過ごしている。そうした投資家たちが「物件を吟味する時間がない」と言えば、販売会社はサブリースという仕組みがいかに安全かつ確実かを説明し、「何度も足を運んだりできない」と返せば、契約に必要な作業のほとんどを販売店が代理をしてくれるとそそのかす。さらには、「入居者の募集」「物件の管理」「賃貸借契約の締結」「家賃の集金」など面倒な大家さん業も「サブリース契約に含まれる」というのだから、ビギナー投資家は、「こんな美味しい話はない！」と重い腰を上げていく。それでいてスルガ銀行という歴史ある銀行がバックについて融資を行なっているのだから、「投資先として安全なのだろう」と信用してしまうのだ。

　この中期から2016年以降の後期にかけて、スマート社が物件を建築するスピードは驚愕である。なんと、1か月に50棟になることもあり、わずか5年ほどで1万1200戸以上のシェ

次世代型賃貸住宅のススメ

「30年間完全定額家賃保証」

安定収入確保の新提案

都内新築一棟寄宿舎シェアハウス運営による

安定CF《キャッシュフロー》のヒミツ教えます。

そこで・・

業界他社に先駆けて

100％合法の

寄宿舎型のシェアハウス

「かぼちゃの馬車」

を急ピッチで展開

コンプライアンスはクリア！ もちろんローンも組めます

さらに・・・

トラブル回避の為に

女性専用シェアハウスにしました。

某販売会社がオーナー集客用に作成した作った販促資料より。その１p目（写真上）には「30年間完全定額家賃保証」の文字が踊る。100％合法のシェアハウス「かぼちゃの馬車」を急ピッチで展開中であり（写真中）、女性専用のシェアハウスであることを大きく打ち出している（写真下）。

提供：
わたなべ法律会計事務所・
加藤博太郎弁護士

アハウスなどの投資用物件を販売していたのだ。

これだけ乱立すると、どうなるか。足立区に１２０棟も建築されたという、かぼちゃの馬車同士でパイを食い合う状況が生まれる。次から次へと女性の入居者がやってくる……ということはなく、実際には入居者が集まらず空室だらけになる。結果、スマート社の経営は破綻し、２０１６年以降の後期に購入した人の中には、一度も入金がなかったケースも多々あるのだ。

このように売るだけ売ってドロンする。これがスマート社、つまり黒幕であるスマート社顧問の佐藤太治の書いた絵だったのだ。佐藤太治は、かつて「ビデオ安売王」（運営会社は日本ビデオ販売）というビデオショップを全国フランチャイズチェーン展開し、傘下の店を全国１０００店舗に広げた。その直後に、風営法違反で逮捕され、あっという間に失速させた過去を持つ人物だ。さらに１９９８年には旧住宅金融専門会社（住専）から16億円を詐取し、逮捕されている。この佐藤と面識のある村西とおる氏はツイッターでこうつぶやいている、

「スマートデイズの破綻は実質的オーナーの佐藤太治氏が20年前「ビデオ安売王」を破綻させた方法と同じ。あの時の融資のパートナーもスルガ銀行だった。こうなることは分かりきっていたのだから、責任は免れない」と――。

キャッシュバックの費用も価格に上乗せされる

一方で、スルガの罪過も看過できない。

かつてスルガ銀行が〝地銀の優等生〟と呼ばれた頃、他の地方銀行や信金が苦境に喘ぐ中、同行のみが増収増益を続けていた。株価を見ると、２０１２年10月頃から急上昇し始め、１０００

資料ではニーズがあることを喧伝し
シェアハウスの運営が“勝ち確”で
あることを盛んに強調している

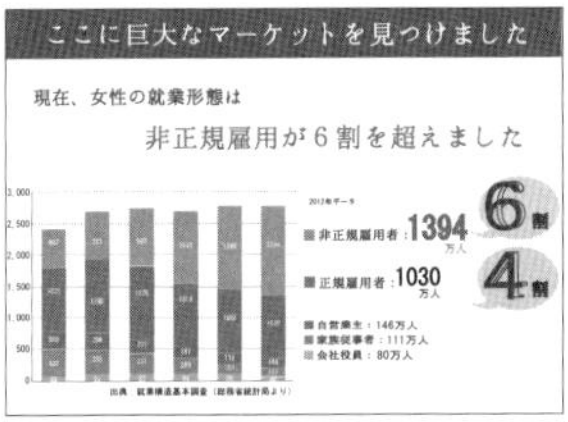

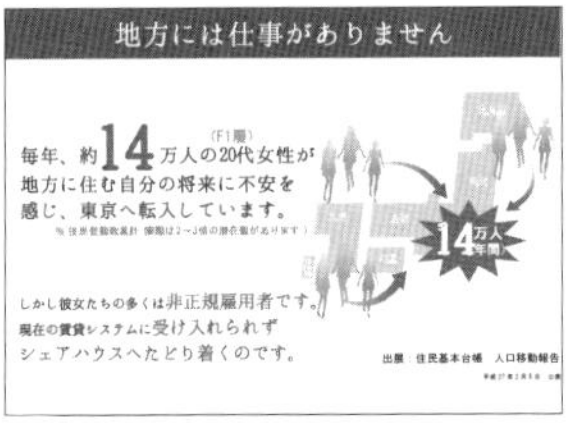

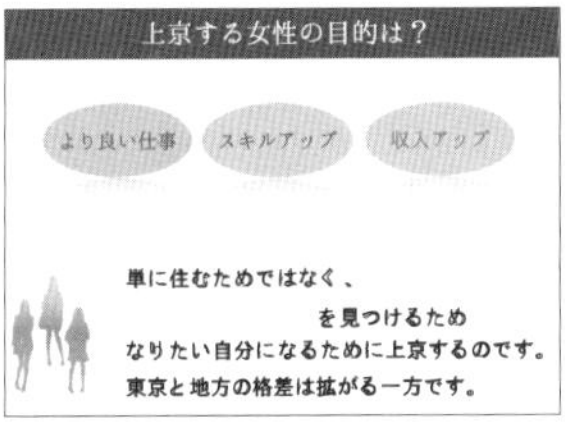

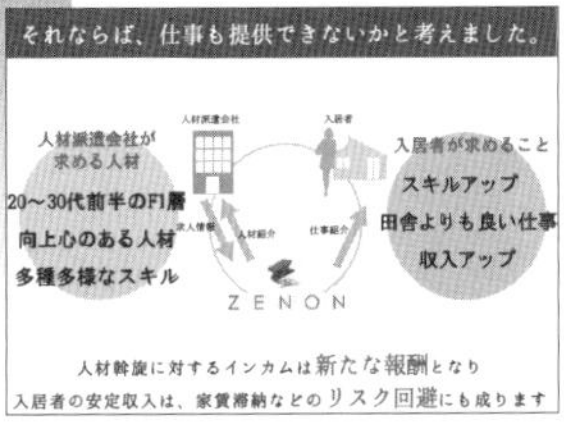

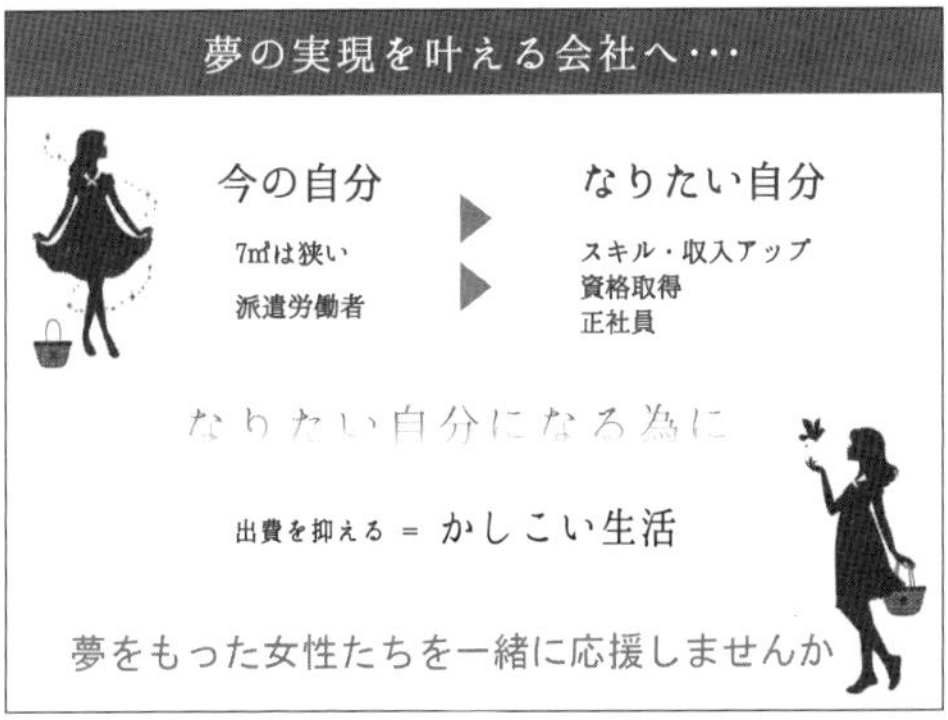

仕事を求めて上京する地方の女性がいかに多く、その受け皿となるシェアハウスの運営がいかにビジネスとして急成長しているのかを説明する資料。だが今となっては「夢を持った女性たちを一緒に応援しませんか」というキャッチコピーが寒々しい。

提供：
わたなべ法律会計事務所・
加藤博太郎弁護士

円程度から２０１３年６月には１８００円台までになっている。スマート社がスマートデイズに社名変更をする直前の頃には、２８００円近くまで上り詰めた。これは、「個人融資に特化」したビジネスモデルを新たに立ち上げたことに起因する。

つまり、今回のスマート社の被害者のような個人投資家のほか、他の銀行だと審査が下りにくい自営業者などへの住宅ローン、多用な使途で組める無担保ローンといった、他の銀行があまり手を出さない融資に踏み込んでいったのだ。自営業者への住宅ローンについては金利を高くすることで貸し倒れリスクを担保する一方で、個人投資家については、「属性が良い」人たちを「にわか投資家」に仕立て上げていた。簡単にいえば、医者、看護師、公務員、大手のサラリーマンといった貸し倒れリスクの低い人たちに、積極的に……というか強引に融資していた。

また、すでに表ざたになっているが、スルガ銀行では社内で審査を通すための裏工作も行なっていた。例えば不動産投資での融資なら、借り入れ費用の３割を自己資金として準備することを多くの銀行が条件としているが、スルガに至っては１割で良いとしている。にもかかわらず、この１割をかぼちゃの馬車案件では、様々な方法で改ざんなどが行われていた。

まずは、通帳の偽造や改ざんである。通帳の改ざんをしたりして、「あたかももともと持っていたように」見せかけていたのだ。もちろん本来なら自己資金確認資料は原本確認が必要だ。ところが、その手続きは繁忙などを理由に省略されていた。

しかもこのごまかし行為は、自己資金や収入の改ざんは債務者にとって得にはなるが、法的には「債務者によるスルガ銀行への詐欺行為」となるからえげつない。このことまで理解して、スルガの行員は「融資審査を下ろすためのノウハウ」を販売会社に教唆していたといわれている。

他業種とコラボした“居住者ビジネス”で高い収益を確保できていると思わせる

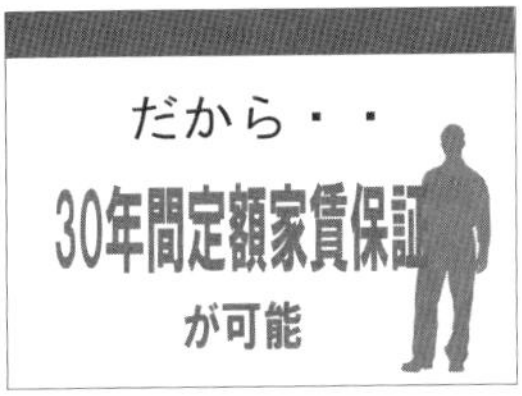

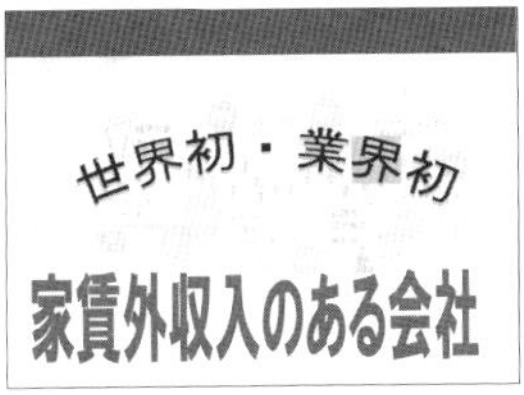

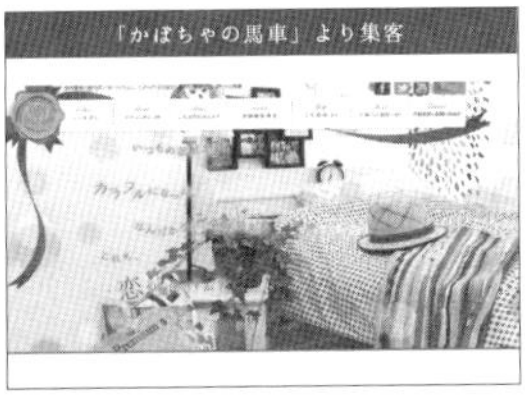

資料ではさらに、「入居者プラットフォーム活用ビジネス」と称し、入居者を取り巻く環境においても異業種とコラボして様々なビジネスを展開していることを強調。その一例が派遣会社アデコとの居住付き就業セミナーであり、だから30年間の家賃保証が可能だとしている。

提供：
わたなべ法律会計事務所・
加藤博太郎弁護士

その他の手段では、本来受けられる融資よりも多い金額を借りられるようにするため、「二重契約」や「販売会社から投資家へのキャッシュバック」が行われていた。

二重契約は、実際の売買契約とは別に「スルガ銀行に提出するための契約書」を作成し、物件価格を高くすることで、フルローンを可能にしていた。例えば実際の売買価格が８５００万円だとすると、スルガに提出する際には「1億円」と水増しする手法である。

販売会社から購入者へのキャッシュバックは、「事務手数料や仲介手数料などを販売会社が負担する」という名目で、購入者へ売買価格の1割を振り込むというものだ。1億円であれば１０００万円が購入者の元へ振りこまれ、自己資金1割の準備をここで可能にするというわけだ。もちろんキャッシュバックされる1割の金額は、売買代金に上乗せされている。一見お得なシステムのように思えるが、不動産の価格操作など、売る側からしてみたらお手のものである。

このように多様な方法で個人投資家に借金させて、高額なクズ物件を売りつけたのだが、さらにもう一つ付け加えておかなければならないのは販社から行員へのキックバックが横行していたことだろう。融資契約書の作成のために、スルガ行員は全国どこにでも飛行機や新幹線で飛んできたと被害者たちは口をそろえるが、その際の交通費をスルガ銀行だけでなく、販売会社にも請求する「経費の二重請求」は当たり前。人によっては、融資額に応じた割合でキックバックを受け取っていたとされている。「されている」と書くのは、第三者委員会が発表した調査報告書に記載されているからだ。その部分を引用しよう。

〈出張金消が行われる場合については、スルガ銀行では、事務手数料を一定の手数料を債務者から徴収する運用とされていた（ただし、この手数料の徴収も徹底はされていなかった。）一方で、出張に際して発生する行員の交通費については行内でルールが設けられていなかった。
そのため出張金消に当たっては、融資の案件をアレンジしているチャネル（業者）が行員に対して交通費を支払う取り扱いが定着していた。当委員会が行なったフォレンジック調査においても、行員が業者に対して交通費を自らの個人口座に振り込むよう催促するメールが発見されている〉
しかし、その後、
〈実際、当委員会が行なったフォレンジック調査によって、行員同士のメールで「1、2万かと思ったら引くほど入ってる」「〇〇（行員の名前）が頑張る訳だ」というやりとりも発見されており、交通費の名目で業者から行員に対して不適切な支払が行われていたことも否定できない〉
という形で報告されている。加藤弁護士によると、元スルガ行員の中には、国税の手入れが入ったケースもあるという。どれくらいのキャッシュバックがあったのかは、今後の調べによって表に出てくるのかもしれな

日本経済新聞　2019年（令和元年）7月10日（水曜日）

スルガ銀トップインタビュー

シェアハウス 返済負担軽減も

創業家の株 差し押さえ視野

スルガ銀行再建のポイント	
企業風土	過剰なノルマが行員を不正融資に駆り立てた。ノルマを全廃し、定性評価を重視する人事制度や業績目標を作る
シェアハウス	2000億円規模を融資。借金の棒引きや返済額の実質減額につながる債権譲渡に踏み切るか。すでに相当の引当金を積んでおり、財務面で追加の影響はほぼない
創業家	筆頭株主の創業家が持つ株式の売却を迫る。担保権の行使で株の差し押さえも
投資用不動産	不動産業者を管理する仕組みをつくり、融資を徐々に再開する
提携	スポンサーによる信用補完をめざす。資本提携を含め候補を探す

インタビューに答えるスルガ銀行の嵯峨副社長（写真左）と有国社長

日本経済新聞2019年
7月10日朝刊より

4　数多くの不適切又は不正な行為が発生し、これに起因してシェアハウスローンに関して多額の引当金が計上されたこと

（1）シェアハウスローンのリスク分析の不存在

ア　商品開発時のリスク分析不在

調査報告書
（公表版）
2018年11月14日
スルガ銀行株式会社　取締役等責任調査委員会

スルガ銀行の取締役等責任調査委員会
による報告書（2018年11月14日）

い。

さて、このように多勢が各々の利を求めてタッグを組み、個人を落とし込もうとしたら逃れるのは非常に難しい。他の詐欺犯罪も同じようなスキームで囲い込んで来るわけだが、被害に遭わずに済むには一体どうしたらよかったのだろうか。加藤弁護士のアドバイスを掲載したい。

「自己資金がかからず投資により儲かると説明されると人は、心理的なハードルが下がります。通常なら、融資がおりないものですが、今回はスルガが加わったことで被害が拡大してしまった。でも、お金を借りて、持っているだけで儲かるなんていことはありません。うまい話には裏があるものです。もし、おかしいなと思ったらすぐに食いつかず、法的な知識を持つ第三者に契約書などをチェックしてもらいましょう」（加藤弁護士）

被害を未然に防ぐには、しかるべきタイミングで、しかるべき人に相談し、セカンドオピニオンを取ることが大切なのだ。詐欺師は、あたかも〝信頼できそうな人〟の仮面をつけて、〝信頼させるための材料〟を携えてやってくる。それを見破るのは至難の技だ。うますぎる話と出くわしたら、カモられる前に、弁護士事務所の扉を叩こう。

〈記事監修〉

わたなべ法律会計事務所

加藤博太郎弁護士

東京弁護士会所属。不動産会社、投資会社の顧問弁護士を数多く務める傍ら、投資詐欺の救済案件、集団訴訟(原告側)、不動産関係の事件を数多く手掛ける。今回のスマートデイズ～スルガ銀行の問題では、「ガイアの夜明け　シェアハウス不正融資特集」の回に出演。スルガ銀行を相手取り被害者の集団訴訟を行い、その後も様々な投資詐欺案件を引き受け、投資詐欺の加害者たちのスキームをあらわにした。

被害者座談会

ふざけんなスルガ銀行！

負債総額5億3000万！

3人で 私はこうして騙されました

今回、かぼちゃの馬車案件で被害者となった男性3人から話を聞いた。スマートデイズの倒産から約1年経ち、被害者陣は同盟を作り活動を始めている。物件購入からこれまでについて赤裸々に語ってもらった。

大アマな収支計画で釣り クソ物件に投資させる

——今回取り上げるスマートデイズ～かぼちゃの馬車の破綻問題に対して、皆さんは同盟を作って活動をされていると聞きましたが、具体的にはどういう団体なのでしょうか。

Kさん　私たちは『スルガ銀行・スマートデイズ被害者同盟～取り戻そう平穏な日々～』という団体に加わって、みんなで戦おうとしています。会員は200人程ですが、実は被害に遭ったことを言えずにいる人たちもまだまだ多いんですよね。

Iさん　僕が物件を買ったのは2016年以降の後期なんです。その頃に買った人は、一度も支払いがない人もざらでして、なかには建築途中の方もいました。本当に悲惨なんですよね。現在、同盟に入っていない人たちが300～400人いるんですが、その方達は一体どうしているんだろう？

Aさん　法的な相談は弁護士にできますが、愚痴を吐いて共感しあったりできないですからね。

Kさん　話すうちに、不正の証拠が沢山出てきて戦うべきだと判断できましたしね。

——そもそも皆さんがスマート社の物件を購入したきっかけはどんなものだったのでしょうか？

Kさん　私の場合は、もともと投資用のワンルームマンションを持っていたんです。こういう物件を持っていると、営業の電話がすごくたくさんかかってくるんですよね。2015年3月頃、シェアハウスを買いませんか？　という電話があって、電話先の人が悪い感じがしなかったので、半年くらい話だけしていたんです。最初はこんなうまい話はないなと思ったんですが、しばらく話を聞いているうちに、『見学に来ませんか？』ということで物件を見に行ったんです。そうしたら、三軒茶屋から徒歩5分の、非常に立地がいい物件でして。

——そういう物件だと今でも借り手がしっかりつきそうですね。

Kさん　そうなんです。だから、このサブリースの仕組みが5年持てば、あとはなんとか払っていけるのではないかと考え直しまして、興味を持ちました。ただ、想定外だったのが、同じ駅圏内にドンドン建てられてしまったことですね。私が買ったのは上井草の物件なんですが、近くに系列のシェアハウスが計6軒立っているんですよ。

Iさん　それはひどい。私の場合は周りに競合物件はないのですが、そもそも回収できない物件でした。最初は2016年9月に不動産関係のセミナーに申し込んだのがきっかけですね。そこでスマートデイズを紹介されて、簡易宿泊所……つまりカプセルホテルの物件を提案されたんです。物件は某有名観光名所の駅から徒歩5分程度のところにあるので、立地は悪くなかったです。

Kさん　確かに、立地はいいね。

Iさん　利回りも8％越えで、このスキーム定番の30年間家賃保証（笑）という条件でした。

そこで２０１６年11月に土地を買って、翌年１月に上物の建築を着工し、10月頃完成しました。ちなみに、サブリース賃料を受け取ったのは１ヶ月分だけでした。しかも、これが非常に高い買い物だったんです。利回りも一泊５０００円で算出していて、そんなに高いカプセルホテルなんて誰も泊まらないじゃないですか。現実的な運用で計算し直すと、利益が出ないんです。というのも、実は四為くらいになっていたみたいで、かなり中間搾取されてるんです。その分市場価格より大分高額な物件をつかまされたということになります。

Kさん　ちなみに四為契約というのは登記費用を節約するためにあるのですが、要は最初の売主から最終の買い主の間に、別の売主買主がいて、その度に金額も上乗せされていく仕組みなんです。

Iさん　A→B→Cの三為くらいはよくあるみたいですが、私の場合はA→B→C→Dの四為。これはさすがにありえないと言われました。この中抜きの横行で、人によっては相場の２倍くらいになっている人もいる。悪質ですね。

Kさん

職業：会社員。
負債額約２億2000万円

Aさん　お二人は完全に販売業者のスキームに騙されたって感じですね。僕の場合は少し違っていて、実は同期の紹介だったんですよ。もともと投資には一切興味がなかったので、同じ釜の飯を食った同僚の紹介じゃなかったら聞く耳を持っていなかったでしょう。僕の職業は医者なのですが、医療の世界って人を突き落としてまでお金を儲けたいという人たちっていないんです。いや、そう思ってたんです。だから、まさか仲間を騙すような人がいるなんて……。自分が甘かったんだなと思い知りました。

Iさん　うわぁ、そんな人がいるんですね。ちなみに、その同僚って、他にも勧誘していた……なんてことはないですよね？

Aさん　それがあるんですよ。

Kさん　えー!!

Aさん　同業の彼が『俺もやってるから』というと、みんな安心するんです。結局、彼の勧誘によって10人以上がスマートデイズ物件を購入しています。僕自身、練馬区と葛飾区に１棟ずつ購入してますしね。

Iさん　マルチ商法っぽいけれど……。その人も実は騙されていて、良かれと思って人に勧めてただけで、本当は被害者だったりするのかな？

Aさん　それが違うんですよ！『俺も買ってる』と言っていたのに、買ってなかったんです。スマートデイズが破綻して購入者リストを見たら、そいつ、いなかったんです。

Iさん　それはひどい！

Aさん　しかも販売会社に詰め寄ったら６％のキックバックをもらっていると言っていました。１棟につき１０００万円弱になります。彼は少なくとも３億円以上をかぼちゃの馬車の勧誘で稼いでいたってことになります。

Kさん　うひゃー！　ちなみに彼は今、何をしているんですか？

Aさん　今は新宿区で投資系の会社をやってますよ。

Iさん　すごい神経の持ち主だ。呆れます……。

Aさん　ちなみにお二人は負債はいくら残ってます？　僕は１棟あたり１億円ちょっとで２棟ですから、２億ほどの借金がある状況です。

Iさん　私は１億１０００万円ほどです。

Kさん　私はスマートデイズ社と、もうひとつのほうで合計２億２０００万。ってことは、ここにいる３人だけで５億３０００万円も持ってかれているのか……。

Iさん

職業：会社員。
負債額約1億1000万円

改ざん・偽造は当たり前！建築基準法の抜け道も悪用

——報道などではスルガ銀行からの融資の際、自己資金や収入の書類の改ざんや偽造が行われたとあります。それは実際にはありましたか？

Aさん　僕は収入の改ざんはなかったですね。

Iさん　私は自己資金の改ざんがありました。もともと７００〜８００万円持っていたところが、販売会社が通帳コピーを改ざんして２５００万円持っていることになっていました。後から知ったことですが、実はこの改ざん行為もスルガ銀行が承知の上で、ひどいケースだと具体的に自己資金等エビデンスの改ざんを指示していた例もあったようです。テレビ東京の「ガイアの夜明け」でもとりあげられた、所謂「エビどう?」です（笑）

Kさん　すごい！

Iさん　改ざん以外も物件購入のための手付金約９００万円弱が勝手に僕の名前で振り込まれてました。もちろんこの振り込まれた金額も、ある種の見せ金であり、自分が借りたほかのお金と共に業者へ支払うことで最終的には回収されています。この手付金なども、スルガ銀行の担当者も知った上での操作です。でも、当時はそのカラクリに気づくはずもありませんでした。何せ、業者から自己資金ゼロでも始められる不動産投資という説明しかうけていなかったですから。

Kさん　私の場合、それほどの偽造はありませんでした。ただ、『金融資産はどれくらいありますか？』と聞かれて、『１２００万円くらいかな』と言ったら、その金額が融資申込書に書かれていたので、『これでいいんだ……』とちょっとびっくりしましたね。でも、聞くと、99.9%融資審査が通っていたというので、スルガでは何でもありだったんでしょう。販売会社にとっては、融資できる人を見つけられるかどうかだけで仕事が終わるのだから、いい話ですよね……。

——ではレオパレスのように、建てられた建物

が施工不良だった、ということはありましたか？

Iさん　そもそもシェアハウスは建築基準法では『寄宿舎』になるんです。それをうまく利用して、建築費用を安くすることができるんです。それを悪用したことで、いろんな不備が出た……ということは聞きました。

Kさん　要はアパートなど共同住宅だと隔壁が必要なのですが、寄宿舎には必要ないなど素人にはよくわからない細かい違いがあり、そこを突くんです。もっとも、私の物件では単純な施工不良でまず最初に水が詰まりましたが、〝突いた〟部分ではドアに蝶番が付いていないために、自分で締めなければなりませんでした。それは本来、建築基準法に違反しているんですが、賃貸契約書などに『扉は自分で締めてください』と書けば、違反を回避できたりするそうです。そういうことをして部屋の内装費をうまく安くしたようですね。違法すれすれの物件ですよ（苦笑）

Iさん　私の場合はカプセルホテルなので、旅館業の許可が必要なんです。一応法令上の基準は満たしてはいますが、ギリギリだったようですね。安い建築費の上、キックバックがあるので、『儲けが出ない』と建築会社がぼやいてましたよ。Aさんの物件はどうでした？　中には家具付きと謳っていたにもかかわらず、家具が一切入っていなかったという物件もあるようですが。

Aさん　幸い僕のところは家具が入ってないとか、変な不具合があるとかはなかったです。ただ、歩くとミシミシいいますし、この安普請では35年は持たない代物であることは確かです。

Kさん　ですよね。10年もつかも怪しい。ところで物件の運用はどうしていますか？　私はスマート社のほうは月の返済は56万円ですが、管

Aさん
職業：医者。
負債額約2億円

理費とか入れると20万円弱の収入。もう1棟も返済は50万弱に対して55万円くらい入ります。返済が猶予されているからいいものの、回っているとは言い難いですね。

Iさん ほんと、全然回ってないですよね。私も当初の条件では返済が月約50万円で、約束されたサブリースでの収入が72万円でしたが、やっぱり厳しくて、結局は日々の運営費が嵩むカプセルホテルを諦めて1棟貸しの民泊施設に変えました。今は一般のWebサイトで宿泊客を募集している状態で、繁忙期の良いときで月20〜30万ほどの収入です。

Aさん 僕の場合は1棟はしっかり居住者が入っているので問題ないのですが、もう1棟がダメでして……。固定資産税を払えればいいから、あとは利益にしていいよと管理会社に任せちゃってますね。収支も詳しく聞いておらず、ある意味なげやりな感じですね（笑）

Kさん その気持ち、痛いほど分かります。私もスマート社倒産直後の3か月は自己破産のことばかり考えてましたし。今は戦えるということが分かりましたし、先ほど言ったように、この問題が解決するまで返済はストップというところまで来ました。

Iさん スルガも今年5月に一部元本カットを行うと公式に明言しましたね。ただし、被害者がどのように救済されるかはまだ未知数ですしね。

Aさん どう転ぶかが不安ではありますね。

Kさん 完全にチャラにはできないとはいえ、一歩進んだことは確かです。スマートデイズが販売したクソ物件はまだまだたくさんありますし、今後も粘り強くいくしかないですね。

スルガ銀行・スマートデイズ被害者同盟
〜取り戻そう平穏な日々〜

スルガ銀行が絡んだ投資詐欺の被害者の同盟。情報交換や集団訴訟を行うだけでなく、ＨＰ上へのコラム掲載などによる啓蒙活動も行っている。

https://www.ss-higai-doumei.org/

スルガ銀行元行員
魂の懺悔！

被害者の皆さん、ごめんなさい

当時は黙って見ているしかなかったんです！

取材を進めているうちに、スルガ銀行の元行員という方から連絡があった。その方・沼津太郎氏は自責の念に駆られ、被害者のために自身が現役時代に見聞きしたことを少しでも話したいという。果たしてその内容とは——。

詐欺業者との癒着からキックバックの現場まで

「ノルマノルマで行員を追い詰める社風が変わらない限り、詐欺業者とスルガのタッグによる被害は無くならないでしょう」

そう語るのは、現在都内の某企業に勤務する沼津氏（仮名）だ。かつてスルガ銀行行員として、不正融資の現場を目の当たりにしてきた。今回、被害者の方が一刻も早く救われるようにと、内部事情を告白してくれた。

氏によると、スルガ銀行行員たちが危険な業者だと知りながら、彼らとグルになり不正融資を行っていたのには理由があるという。

「デート商法詐欺に加担したと報じられた中央林間支店は特にパワハラがやばいと有名でした。朝8時から怒鳴られるのは日常茶飯事。営業成績の悪い行員が出社したら『もう来るな』と通用口を塞がれ、中に入れてもらえなかったこともあったそうです」

つまり、厳しいノルマと上からの圧から逃れたくて、毒があるとわかっていても甘い蜜に手を出してしまったのだという。

「スルガの特徴として、首都圏は有担保融資、神奈川・静岡は無担保が成績になるんです。契約が取れたら勝ちで、取れなかったらめちゃくちゃに言われておしまいです。だから、融資先に困っている投資詐欺業者とタッグを組むと、どちらもいい思いができる。移動した先でも一定の成績を出せるし、時にはキックバックももらえる。つまり、詐欺業者と組むことは、ウィンウィンの関係なんです。実際キックバックに関しては、同僚から『菓子折りに入れて、キックバックを渡していた』という話を聞いたことがあります」

　とはいえ、金銭の見返りがあるケースはごく少数。日常的に行われていたのは、キャバクラや高級料理店での接待だったという。

　ところで、その詐欺業者たちは一体どのようにしてスルガ銀行と懇意になるのだろうか。

「大抵の場合、上司が紹介を受け、その手の話を持ってくるようです。その後、2～3人の部下に処理をさせます。工場のラインのようなものなので、パーツを組み立てるだけの部下は、最初のうちは何をやらされているのかよくわからない。でも数ヶ月もすれば、不正を行っていることを理解するわけです。でもその時にはもうズッポリ。特に、上司がキックバックをもらっているらしいと感づいていたり、接待の場に同席させられたりしていると、下は絶対に『こういうことはやめましょう』なんて言えないですよね。そしていつしか部下も、その手の案件を丸ごと任されるようになっていくのです」

　このようにして不正融資に手を染めることが伝統として受け継がれていってしまうという。

「若手は不正をしたくてしている人はいないんです。ただただ目の前のノルマから逃れたい。自分の数字のため、自分のチームの数字のためと、危険な業者と付き合ってしまう。貸せば数字が出るので、救われる。それでおしまいです。つまり、貸した後のことは考えていません。むしろ、一度貸した人にはもっと貸すのが営業ノウハウの一つでした」

　沼津氏は、「貸したら返す方法も教えなければならないのではないでしょうか」と、債務者の窮状に思いを馳せるように呟いた。

「中にいると、悪いことだと感じていても身動きが取れません。転職した今だから、何かできることはないかと今回お話することを決意しました」

　という沼津氏。だが、下がどんなに現場改革を訴えても、上にその気がなければ変わらない。スルガの経営陣は、同行の行く末をどのように考えているのだろうか。

沼津太郎さん（仮名）

新卒でスルガ銀行に入社したのち、同行で横行していた不正融資に気づき、「このままここにいてはいけない」と転職。今回、これ以上の被害者を出さないために、スルガの内部事情を語ることを決意し、取材を引き受けてくれた。

愛人はミタ！ 4

実話コラム

カジノで散財する不動産会社社長パパは負けても「1軒売れば取り返せる」が口癖

さやか（仮名）**26歳**

私がパパ――Sさんと知り合ったのは、パパ活をしている先輩が食事会を開いた時。ちょうど大学を卒業する直前で、社会人になったら一人暮らしをしたいなと漠然と考えていたんです。

Sさんは表参道にある不動産会社の社長で、家賃が100万円を超すような外国人向けの高級賃貸マンションや億単位の高級住宅街の一戸建てやマンションなど、基本的にお金持ち相手の物件を多く扱っていました。だから、私の家賃くらい出してくれるんじゃないかな？って思って、仲良くなってきた頃に「私一人暮らしをしたいんだよね」と相談を持ちかけました。すると、三軒茶屋に家賃16万円の高級マンションを借りてくれました。家賃の負担はありませんでしたが、契約書の保証人は「両親を立ててほしい」ということで、2通に分けてもらい「家賃8万5000円だよ」と親の目を欺きました。

パパとは、年3回くらい海外旅行に行きました。マカオ、オーストラリア、シンガポール、ラスベガス……そう、Sさんは大のカジノファン。「これ使って遊びな」と100万円お小遣いをもらって、私もバカラデビューしました。でも、Sさんの掛け方はすごくて、1回の旅行で500万円くらい使って、2000万くらいにしたり、逆に1000万円くらい使って300万円になっちゃったり。金銭感覚がおかしくなっちゃうような遊び方でした。ちなみに、負けた時の口癖が、「こんなの家1軒売れば取り返せる」でした。不動産屋って、怖いですね。

そして、Sさんが大勝ちすると、エルメスのバッグやカルティエのバングルなどのショッピング。ホテルも高級だし、食事も美味しいし、タダどころかお小遣いまでもらえちゃう。愛人にするなら、不動産屋は最高だと思いますよ！

第5章

会社、つぶれた

若手エースが上司のクビ切り面談をする地獄絵図！本当はどっちも悪くないのにお互い疲弊で顔面蒼白

世間的には「〇×株式会社、民事再生法の適用申請」のタイミングが会社倒産のタイミングと思われがちです。が、実はこの瞬間ではまだ何も決まってません。民事再生法を例にあげれば、裁判所が受理したら弁済禁止の保全処分が下されるだけです。従業員の給料もそれまで通り支払われますし、事業も継続します。破産や事実上の廃業の場合も、給料や退職金は優先的に弁済される財団債権なのでもらえますよ。会社にお金がない場合も、独立行政法人労働者健康安全機構が実施している未払賃金立替払制度によって一部を払ってもらえるので、困ったら必ず相談に行きましょう。

そもそも民事再生や会社更生の場合は、経営者は申請の1ヶ月前にはもう専門の弁護士に相談しています。でも、前節でも書いた通り、絶対社員には教えてくれません。抜け駆けの債権回収や風評被害を抑えるためです。だから社内でも極秘裏のプロジェクトとして最低限の人数で準備が行われ、申請が行われます。この日は終わりの日ではなくスタートの日なんです。実際に民事再生の適用申請から再生計画が認可されるまでは平均で５ヶ月程、会社更生法だと1年位かかります。企業はこの間に、現在ある債務弁済のリスケや一部カット、債務と株式の交換などの資金計画を練ります。同時に、どのようにしてコストを圧縮し、事業を再生し、会社を復活させるのかを考えます。そしてそれが認可されてから、ようやっと従業員のリストラが実行されるわけですね。私のいた会社の例では、だいたい再生計画が固まる３ヶ月前くらいから肩たたき面談がありました。

大抵の会社では、コストが高い40代以降の中堅～ベテラン社員が主なリストラ対象になります。このリストラ面談が結構悲惨です。面談要員に指名されるのは管理職の若手エースで、再生後の会社でポジションを約束されています。でも、下手すると自分の先輩や上司に引導を渡さなければならない、むちゃくちゃきつい仕事です。担当者は本当にげっそりしてました。肩叩かれる側も辛いけど、叩く側も辛い。

若手は若手で、何にもすることないんです。戸建ての草むしりしてます。若くて給料安くてよく働く若手は再生の主役なので、会社とすれば辞めてほしくない。早い段階で残ってほしいとお願いされます。「去るも地獄、残るも地獄。なら残って一緒に会社を建て直さないか」。そう口説かれて、給料は２／３になったけど、私は残りました。同期で残ったのは半分くらいでした。一度愛した会社だもん、請われたら助太刀するのが人情だろ（それに私の関わったプロジェクトが会社の負債の１／３を占めてたし。みんなごめん。）。

ただ、今冷静になって振り返ると、このタイミングで辞めていたほうが賃金という観点では良かったですね。この時期、関西の大手デベが関東に進出してきたり、ゆとりある企業は若手補充ができるタイミングだということで求人があったんですよね。この段階での転職であれば、従前の高い給料で交渉のテーブルにつけたんです。世の中の仕組み知らなくて損した。一応、第三者的にアドバイスするっていうキャリア支援の相談窓口にも行きましたが、なんとなく残ったほうがいいよって誘導されたような気もします。

まあでも人生賃金だけがすべてじゃないし。残ると決めたら己の役割を全うしましょう。不良在庫物件の処分や少人数になったバックオフィスの再編、仲介による外貨の獲得など、やることがてんこ盛りです。会社に大損害を与えることになった物件を仕込んできてしまった開発のおじさんは、その物件の営業現場に配属され、残戸の処分をさせられていました。ついこの間まで肩で風切って歩いていた人が、夜な夜な近所の団地をピンポンして回るんですよ。「マンション買いませんか？」って。なかなかの地獄です。去年まで数百億を動かしてたおじさんとさくら水産で飲みながら話を聞くんです。

「100件くらいピンポンするとさ、不思議と2〜3件は話聞いてくれるんだよ」

聞きたくない。あんたのそんな話は聞きたくない。

「俺、バブル崩壊直後入社でさ、鎌倉の億ションの処分命じられてさ。ほかにもニセコのホテル、福島のゴルフ場会員権、マリーナの係留権なんかのパンフレットをアタッシュケースに入れて都内を歩き回るのよ。でもそんなの売れるわけないじゃん。いつも胃が痛くて、現地に向かう横須賀線のトイレでゲロ吐いてたよ」

20年の時を経て新人の頃と同じことをしているおっさん。時間巻き戻っちゃったのかな。

残った社員が個人投資家からの対応電話に、やけになって「だからもう紙切れです！」と絶叫していた。

撤退戦は心がやられるウホ。頑張っても給料増えるわけないし、むちゃくちゃ怒られるし。社内の空気最悪だし。イラッとしてるところに無遠慮に罵声を浴びせてくる株主様についい本音が出てしまうことが……。

出勤途中に見てたスマホのニュースサイトで自分の会社が民事再生の手続きに入ったことを知った。

これ！　倒産すること社員に言わないんだよー。インサイダー情報とかスポンサー交渉とかあるので、社内でも知っている人はごく僅か。夕方の臨時全社集会の前にニュースで知っちゃって、やりきれない気持ちで喫茶店にビール飲みに行くウホ。

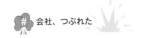

堅苦しい男性が「もう給料が出ません！　なのでこれからハローワークの申請方法を説明します」と言った瞬間、罵詈雑言の雨あられ。

出会って3秒で給与未払いwww　これはスピード感あるウホ。会社都合退職ならハローワークに離職票出して7日後には失業手当もらえるウホ！　未払賃金立替制度も合わせて使えるから、労基署もはしごしような！

自分ですらさっき知ったのに電話が鳴りやまない＆方々から詰められる。涙と汗でハンカチがびしょびしょになった。

苦労するのはお客さんと接する末端の社員達。自分の明日もわからないのになんでお客さんに謝らないといけないんだろう。生きるってなかなか大変ウホな。

電話に出た社員が大声で「えっ!? 社長がフィリピンで失踪?」と叫び、それを聞いてた社員が「ざわ・・・ざわ・・・」

これは日本で一番、人を大切にする会社の社長さんウホな。社長宅合宿→無計画な出店→パワハラ→社長地下格闘技出場→破産→社長を最後に見かけたのは東南アジア……。漫画みたいウホ。俺、今日も顔晴るぜ!

バイク便に請求書払いを受けつけてもらえなくなってしまい、そのつど現金払いを強いられる。立て替え分、返ってくるかな……。

会社つぶれるってこういうことか……って最初に実感できるのが、お金の支払い絶対待ってくれなくなるところウホ。バイク便もコピー機も消耗品も全部先に払わないといけない。行きつけのクラブもツケきかなくなったりしてちゅらい。

#「御社のマスコットにどうですか？」「いい子ですよ」と社長が愛人の再就職先を探していた。

今まで自社に尽くしてくれた社員の再就職先を探す。倒産した会社の社長に残された大切な仕事ウホ。でも社員じゃなくて社長秘書として雇ってる愛人を優先してやってるのかよっ！　そらつぶれるわ……。

原状回復もせず捨て置かれた壁一面のホワイトボードには「I'll be back」と書かれていたよ。

本当は会社の内装を全部壊してまっ更の状態でオーナーに返さなきゃいけないんだけど、倒産した会社にそんな余裕はない。オーナーも早く返してもらったほうが賃料未収リスクが減る。そんな残置物に不動産ターミネーターの置き土産。

倒産して10年も経つのに取引先銀行員から「あそこにいた事はウチに言わない方がいいですよ」と耳打ちされた。

倒産の理由は様々。一生懸命やっても市況の波に流されちゃうこともあるけど、不正で潰れてたら……。不正融資で銀行に訴訟された某社にいたことを伝えたら今の会社でもやるんちゃうか……って疑われちゃう！　沈黙は金なり。

マンガ以外にもまだまだあるぞ！

会社、つぶれた後のあるある！

#「奈良？　奈良って埼玉の上だよね？」という頭スカスカのギャルや「昼前は台が温まってないから出ないんスよ」という内装屋のお兄ちゃんと飲み行くとすごく元気もらえる。

#自社Webサイトのコンテンツ維持・更新のために僕だけ辞めさせてくれない。

#辞めずに残った社員の前で管財人が「まずは船に残ってくれてありがとう。でもこの船は泥船かもしれませんが……」と語り出した。

#銀行から債権を買ったハゲタカに詰められる。こいつらから金借りてないのに債権回収業者ってなんでそんなに偉そうなの？

#ライバルだったデベロッパーの倒産情報を見てキャッキャしてたら全社員出席必須の緊急の夕礼通達が来た。

#「許可なく剥がしてはいけません」と書かれた裁判所の紙が貼ってある。これって勝手に剥がしたら怒られるんだっけ？

#運よく取引先が拾ってくれて何とか転職できたけど、足元見られて最低ランクの給与のままはや10年……。

実話コラム

愛人はミタ！ 5

携帯1本でつながっている大地主との関係性
お互い年を取り、突然連絡が来なくなったらと思うと…

綾子（仮名） 48歳

かれこれもう20年ほどおつきあいをしている大地主のTさんは、すでに80歳間近。普段は北関東に住んでいるのですが、仕事で時折東京に出てくることがあるので、そのときに、食事をしてホテルをいくという関係を続けています。

会うのは月2～3回程度でしょうか。毎回ホテルには行くのですが、最後までするのは半年に1回程度。出会ったときは、まだ60歳くらいだったのでギンギンでした。精力も旺盛で、「他にも女の子を見繕ってくれ」と頼まれて、10人以上は紹介しましたね。でも当時は1回のデートで、2回、3回とやるから、10万円とかもらっても女の子の方が「体力が持たない」とつらくなっちゃうことが多々あって、結局残ったのは私一人。

ちなみに今でも、1回につき5～10万円くれるので、ありがたいですね。くれるお金の違いは、その時の気分なのかなんなのかよくわからないのですが、気前はいい方で、例えば「息子が大学に上がる」というとポーンと30万円くれたり、成人式があるというと「お母さん、お疲れ」と100万円包んでくれたりするんです。シングルマザーなので、何度助けてもらったことか。

そんな、彼も衰えていき、今ではすっかりご隠居に。動かせるお金も減ったようで、ここ5～6年は数十万単位のお金はもらえてないですね。まあ、金のかかる子どもが独り立ちしたので必要もないのですが。

最近、気になるのが今後のこと。これだけ長い年月付き合ってきたのですが、彼と私を繋いでいるのは携帯電話のみ。向こうから「●日、東京行くから開けておけ。待ち合わせはいつものところな」と連絡が来て会うのですが、あるとき、突然連絡が来なくなるんじゃないかと。連絡が途絶えたら、彼が亡くなったということなのだろうなと考えると、少し寂しいですね。

マンガ／田中光

せつめいしよう！

この物がたりはある全宅ツイメンバーのじつわである！

デベロッパーハヤトとしてかめいでとうじょうしているが、なかみは完全にじつわなのである！　けっしてふざけていはいないのである！　さくしゃは東京メトロの「メトポ」のこうこくで「サラリーマン山崎シゲル」のイラストをかいている田中光さんである！

※印のキャラクターはこの物語には登場しません。

オレの名はハヤト！
就職氷河期にカタカナ系不動産デベロッパーに就職したぜ!!
時は2003年……
エリートが登場し不動産流動化が流行っていた頃――
賃貸マンションを作って
過去最高益更新!!
不動産ファンドにどんどん売るぜ!!
またまた過去最高益更新!!
あっここ出しますよ
月に20回飲み会!!
タクシー!!!
タクシー代月に15万！
部署の忘年会に
三桁万円だぜ!!
経費ゆるゆるだぜ!!

2008年秋
大変だ
リーマンショックが起こったぞ!!

なっ…なにぃ!!

「なっ…なにぃ!!」とか言ってみたけど
それは何だ!

知らん!!

オレもなんか雰囲気で大変とか言ってみただけだ!!

なんか外国の大きな銀行がつぶれたそうよ!!

外国の…?

つまりそれって…

たぶんオレ達に
関係ないやつ!!

なんか前より物件が買いやすくなったぞ!!

海外が手をひいていくからガンガン買える!!

よくわかんないけどビル開発もいっとこう!!

賃料の適正価格が坪1万8000円!? じゃあ2万1000円で電卓叩け!! いけるさ!!

そして
超強気な仕込みが横行するファンドバブル最盛期に
な…銀座の超一等地のビルを立ち退かせて更地にし…

新築のビルをおっ建てる…だと…!?
○百億円のビッグプロジェクトが立ち上がった…!!

このプロジェクト一発いったら年間予算の4割いくぞ!!
更地にして転売するだけでも100億くらい利益が出そうだぜ!!
土地を買いさえすれば超儲るんだからとにかくなにがなんでも買いまくりましょう!
あ…れ…?
このプロジェクト常軌を逸して…ないか…?
CONPYU-TA-
今まで散々適正な賃料を逸脱してきたが…
それはいっても20%程度…
だがこのプロジェクト…適正価格から2倍くらいの賃料で絵図を描いているぞ……
社長室
社長…ちょっとよろしいですか…?
この賃料では絶対に借せないと思うのですが…
それでもこの土地買いますか…!!
買え!!
最悪の場合本社をそこに移せばよい!!
…この人はいったい…
何を言っているんだ…!!

デベロッパー全体がもう…
買え!!
買え!!
買え
買え
こんな感じで……
もう…
買える土地がない…
5年後に…創業停止する予定の工場
買いだ買い!!
不確定すぎる物件にも手を出し始め…
死ぬほど近隣ともめている案件…
買いだ!!
買いっ!!
買いっ!!
どう考えても立ち退いてくれなそうなテナントのいる物件にまで手を出した…
銀座○百億円のプロジェクトを
出て行って…
くれないんですよ…
立ち退きがうまくいかず…
毎日毎日何百万もの金利を…
生み出すだけの物件になっちゃってますよぉ〜…

年が明けたあたりから信用収縮が起こり始め…
えっ？
えっ　あれっ
少しずつ物件が動かなくなっていき……
同時期には…
はっ
長谷川ーー!!!!
社内の賢そうな奴から転職していく…
春先になると
動け…っ
ガチャ
動いてくれよ～!!
ガチャ
目に見えて物件が動かなくなっていく
ヒマだな～…
マンションは売れないし投資物件なんてもっと売れない…
ツイッターでも……
始めてみるか…

このくらいの時期になると「いよいよヤバイな」という空気が社内に蔓延しはじめる
おまえ会社残る?
いや〜どうだかなあ〜ハハハ
でもつぶれるという実感は特にない
そして3月末
大変よ!! GC注記がついたわ!!
なっ…なにぃ!?
ついに会社にGC注記…
つまり
「なっ…なにぃ!?」って言ってみたけどGC注記って何?
知らないけどなんかヤバそう!!
「この会社つぶれるかも」という注記がついた。
GC注記というのはあくまで疑義であり会社がつぶれるとかそういうことではない!!
安心して業務にとりくんでくれたまえ!!!
執行役員
ヤスシ
安心…だと…!?
いや…地主やオーナーにすげえ呼び出されてるし…
どういうことか説明しろよ!!
おまえのとこつぶれんのかよ!?
社員は一層辞めていってるぞ…!?

それからしばらくした
2009年秋……
リーマンショックのあおりを受けた僕の会社は
倒産
します
数百億円の債務超過で倒産…
GC注記がついてから
半年後のことでした
だから…買っちゃダメって
言ったじゃないか…
いったいどうしたらいいんだ…
子どもも生まれたばっかだよ…
それから再生計画が承認され
バックアップの条件として
大規模なリストラが決定
残ったとしても給料が2／3に…
新卒全員解雇…

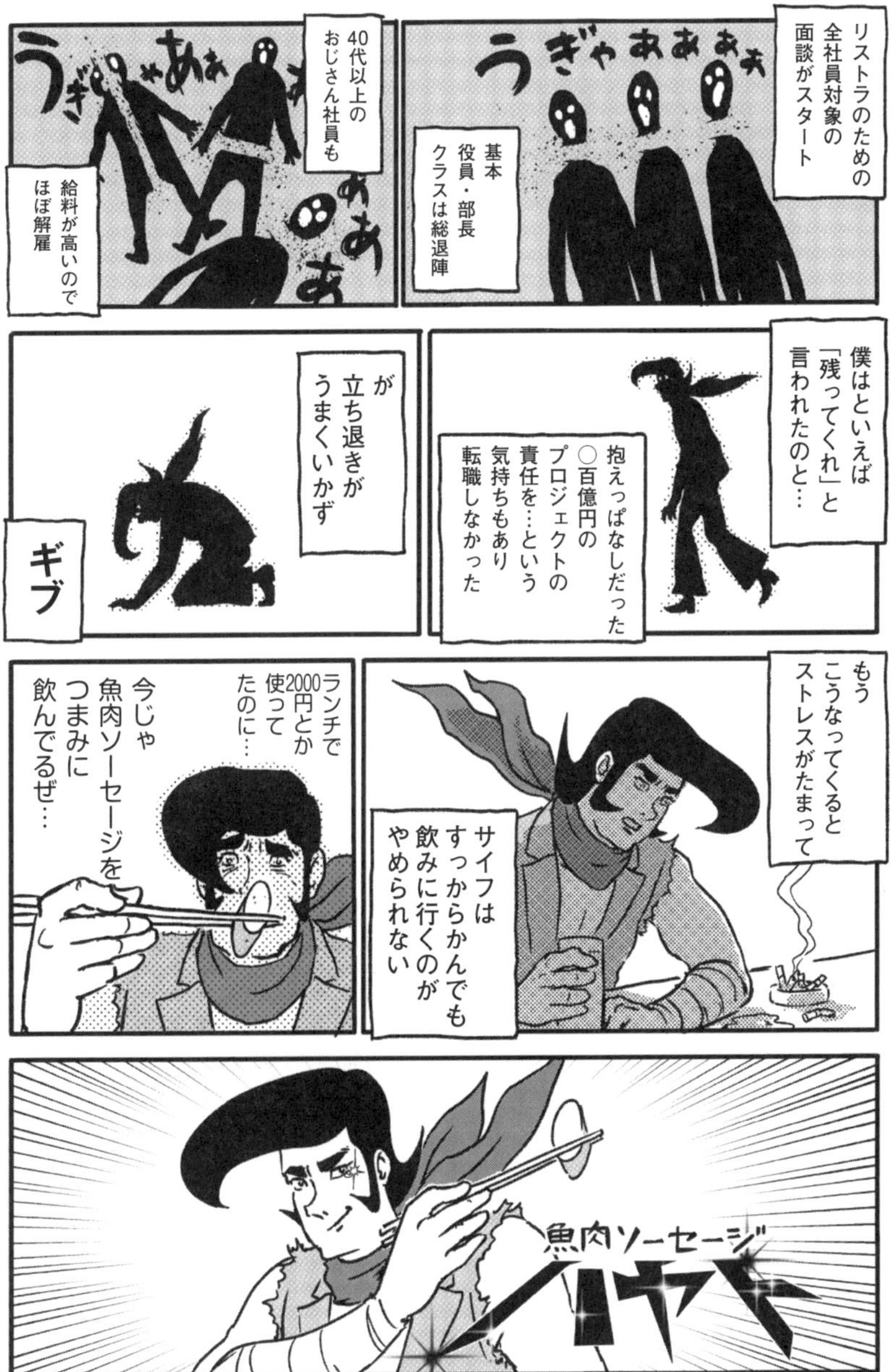
リストラのための
全社員対象の
面談がスタート
うぎゃああああ
基本
役員・部長
クラスは総退陣
40代以上の
おじさん社員も
うぎゃああ
あああ
給料が高いので
ほぼ解雇
僕はといえば
「残ってくれ」と
言われたのと…
抱えっぱなしだった
○百億円の
プロジェクトの
責任を…という
気持ちもあり
転職しなかった
が
立ち退きが
うまくいかず
ギブ
もう
こうなってくると
ストレスがたまって
サイフは
すっからかんでも
飲みに行くのが
やめられない
ランチで
2000円とか
使って
たのに…
今じゃ
魚肉ソーセージを
つまみに
飲んでるぜ…
魚肉ソーセージ
ハヤド

覚醒剤、反社、お家騒動、資産隠しに融資詐欺！
わが社はコレで会社がなくなりました

しくじり不動産会社名鑑

兵どもが夢のあと……ということで、当企画ではリーマンショック前後に倒産かました会社をデータ形式で紹介していきます。「リーマンショック関係ない倒産」じぇねえかって会社もちらほらありますが、そこはご愛嬌ってことで許してね♥

スルガコーポレーション

反社に感謝で会社が傾斜！ 新興不動産没落の象徴的企業

所在地：神奈川県　倒産年度：2008年6月
負債総額：620億円　上場：東証2部
適用：民事再生法

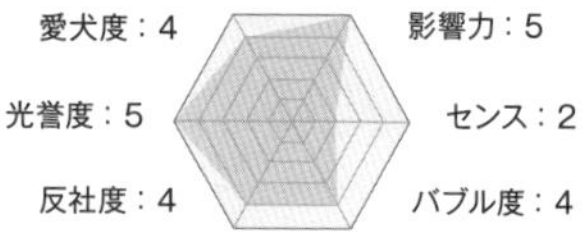

2008年3月、違法な立ち退き交渉をしたとして“大阪流の熱意ある会社”の社長らが弁護士法違反で逮捕された。この会社は立ち退きの際に「お経のテープを大音量で24時間流し続ける」「いかにも反社っぽいモブをウロウロさせる」など、かなり荒っぽい手口を繰り広げていたとされ、実際に反社会勢力とのつながりも取り沙汰された。そして、この会社に報酬を支払って立退きを依頼していた企業こそ「スルガコーポレーション」だった。この一件でスルガコーポレーションは「上場企業にあるまじき反社会勢力との不適切な関係」とバッシングをうけ、株価はみるみる暴落、見事ストップ安に。さらに金融機関からの融資が止まり、資金調達ができなくなってあえなく倒産となった。この事件以降、新興不動産会社の株価は軒並み下落。スルガコーポレーションは新興不動産没落の象徴となってしまった。ちなみに同社の社長は事件を機に辞任したものの、ことが明るみになる前に自社株を売り抜いたのがバレて逮捕されたり、関連会社経由で中抜きしたのがバレたりと、徹頭徹尾、隙のないヒール役であった。「オフィスの共用廊下でドーベルマンを放し飼いにしていた」というパワーエピソードも残している。

ダイナシティ

シャブダメゼッタイ！ 逮捕されてる間に会社が争奪戦に

所在地：東京都　倒産年度：2008年10月
負債総額：520億円　上場：ジャスダック
適用：民事再生法

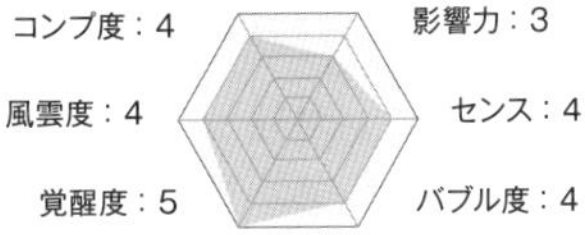

オーナー社長が手がけた高所得者向けワンルームマンションが大ヒット。「マンション業界の風雲児」と呼ばれ、芸能人やスポーツ選手との派手な交友関係は週刊誌を賑わせた。しかし、我が世の春はあっという間。オーナー社長が覚醒剤取締法違反で逮捕されると、待ってましたとばかりに会社はハゲタカたちについばまれることに。骨と皮だけにされたのち、最終的には清算会社へと移行した。

ニューシティ・レジデンス投資法人

買えない物件（モノ）を買おうとして公募増資を申し込んだ

所在地：東京都　倒産年度：2008年10月
負債総額：1,123億円　上場：J-REIT
適用：民事再生法

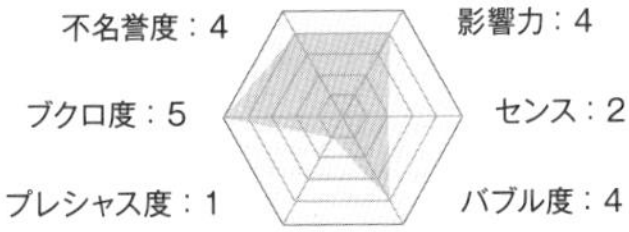

池袋は東方会館跡に建てられた超高層タワーマンションを277億円で取得したものの、折しもリーマンショックと時期丸かぶり。銀行にそっぽを向かれて決算資金の調達＆短期借入金の返済が不可能となり、国内のリートとしては初の破綻事例という不名誉な称号を手にしてしまった。「ブクロ」という旗艦物件（ほうきぼし）は君とふたり追いかけられなかった……。

日本綜合地所

内定は取り消すけど100万円あげるジェントルメン

所在地：東京都　倒産年度：2009年2月
負債総額：1,975億円　上場：東証1部
適用：会社更生法

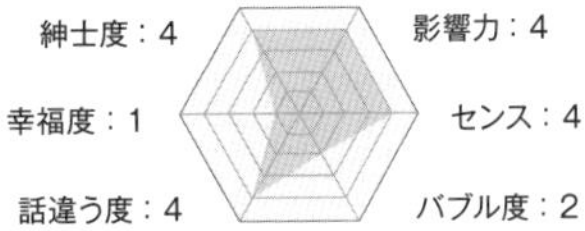

2007年には首都圏の年間販売戸数2位だった大手デベロッパーも、リーマンショックの波は乗り越えられなかった。2008年、同社は新卒内定者53人に「幸せにできる状況ではない」と内定を取り消し。そして「企業として誠意を示しておわびしたい」と、迷惑料として全員に100万円を支払った。はた迷惑な話だが、ほかの企業の惨状を見ればそれなりに紳士的な対応だったのかもしれない。

モリモト

経営もアーティスティックだったデザインマンションの先駆け

所在地：東京都　倒産年度：2008年11月
負債総額：1,615億円　上場：東証2部
適用：民事再生法

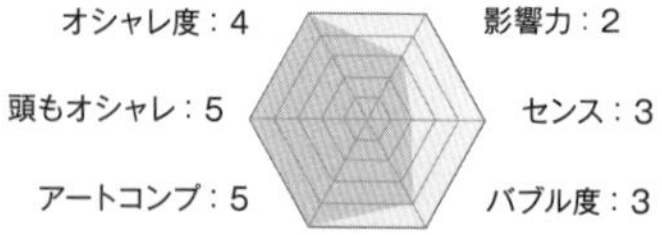

"無難な住まいは無難な人生しかくれない"をキャッチコピーに、アートディレクターを起用するなど、いわゆるデザインマンション分譲の先駆けとなったモリモト。「ハイクラスかつ個性ある不動産」だの「遊び心があり媚びないスタイル」だのとアーティスティックな雰囲気を打ち出したものの、肝心の物件をファンドが買ってくれず、2008年11月に民事再生法申請開始。フタを開けてみれば同年3月期の年売上高が1,150億円なのに対して、負債総額は1,615億円だった。結果論ではあるが、背伸びをせずにもうすこし無難な経営をしていれば、周りに迷惑をかけることもなかったのではなかろうか。ちなみに現在のモリモトのHPには"「私」のデザイン感性に響きあう。都市型賃貸空間「IPSE」"や"ひとつひとつの個性を際立たせたデザイン"なるキャッチコピーが。デザイン重視な方向は相変わらずのようだ。

ケイ・エス・シー

安定飛行をする前に建築基準法改正が直撃

所在地：東京都　倒産年度：2008年6月
負債総額：100億円　上場：非上場
適用：破産

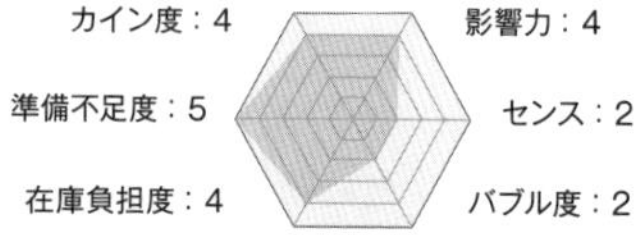

もともとはビルメンテナンスを目的に設立された会社だったが、平成２年に不動産業に進出。ファミリータイプの自社ブランドマンション「カインドステージ」シリーズを展開していたが、不動産市況の冷え込みと建築基準法改正による着工遅れのダブルパンチをくらい、在庫負担の増加で資金繰りが悪化。回復の見込みもなく、あえなく倒産となってしまった。

ケイアール不動産

興和不動産のいらんところを積みまくった箱舟

所在地：東京都　倒産年度：2008年4月
負債総額：1,677億円　上場：非上場
適用：特別清算

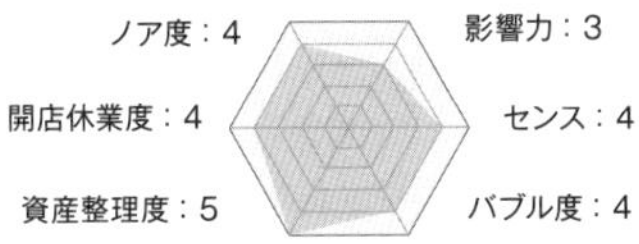

オフィスビルや外国人向け高級アパートを経営していた老舗不動産業者・興和不動産が、バブル崩壊を機に商号を変更したのがケイアール不動産。しかし、実のところコア事業はグループ別会社に譲渡されており、ケイアール不動産は所有不動産を売って借入金を圧縮するなど、資産整理をするだけの「興和不動産のいらんところ」を載せた船だった。そして2008年4月、船はゆっくりと沈没(解散)。

レイコフ

鳥取砂丘のリゾートホテル、君に決めた！

所在地：大阪府　倒産年度：2008年6月
負債総額：276億円　上場：ヘラクレス
適用：破産

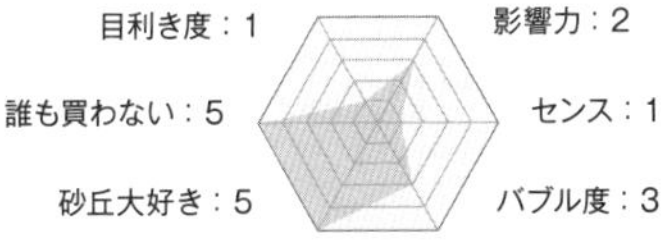

平成元年1月に不動産の鑑定・調査業務を目的として創業したレイコフも、不動産市況悪化の波に飲まれた企業のひとつ。不動産投資ファンド事業を広げすぎたところを市況悪化が襲った。とはいえ、社長が末期に目論んでいたのは鳥取砂丘近くへのリゾートホテル建設。そんなもの誰も買わないのでは……と、センスを疑ってしまうのも仕方ない。最終的には関連2社とともに倒れた。

六本木開発

降る雪や バブルは遠くになりにけり

所在地：東京都　倒産年度：2008年1月
負債総額：1,340億円　上場：非上場
適用：破産

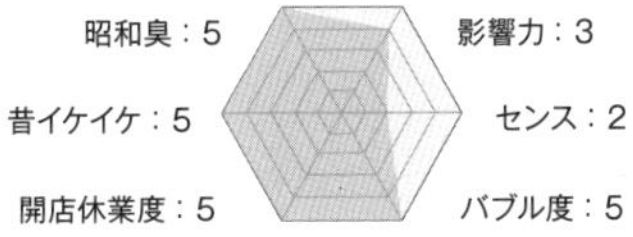

1990年には「フォーブス」世界長者番付6位にランキングされたバブルの大富豪・渡辺喜太郎を創業者とする麻布建物の100％子会社。バブル期は駐車場経営や不動産買収などでイケイケだったが、崩壊後は業績が急激に悪化。渡辺も資産隠しがみつかり、強制執行妨害で逮捕されてしまう。その後、2006年に親会社が負債総額5,648億円で倒産すると、開店休業状態だった六本木開発も2年後に息を引き取った。

穴吹工務店

老舗建設会社のお家騒動 四国では過去最大の倒産劇

所在地：香川県　倒産年度：2009年11月
負債総額：1,403億円　上場:非上場
適用：会社更生法

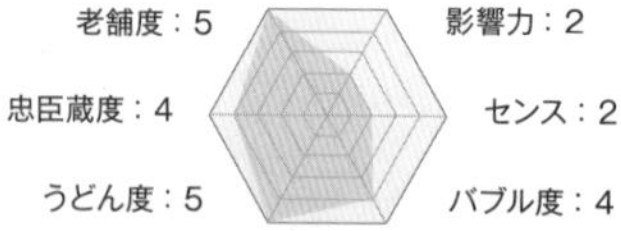

明治38年創業の老舗建設会社で、用地取得からアフターサービスまでを手掛ける数少ない製販一体型のマンションメーカーとして人気を博した。2007年にはマンション販売戸数5037戸を記録し、29年間独走状態だった大京を抜いて全国1位に。オリックス2軍のネーミングライツ権購入など、社長のスポーツチームへのパトロンぶりも話題となった。しかし、そんな四国の雄にもリーマンショック＆建築基準法改正が直撃。業績悪化で資金繰りが難しい状況に立たされた。そしてさらに追い打ちをかけるように、社内では「創業家出身の社長VS取締役全員」によるお家騒動が勃発。二転三転したのち、社長が解任されるという異例の結末となった。結局、このお家騒動が原因で信用不安が広がり、資金繰りはさらに悪化。残された役員はこれ以上自力による事業継続は困難と判断し、会社更生法を申し出た。

エスグランドコーポレーション

渋谷だから売れるっしょ！で大炎上

所在地：東京都　倒産年度：2009年3月
負債総額：1,91億円　上場:セントレックス
適用：民事再生法

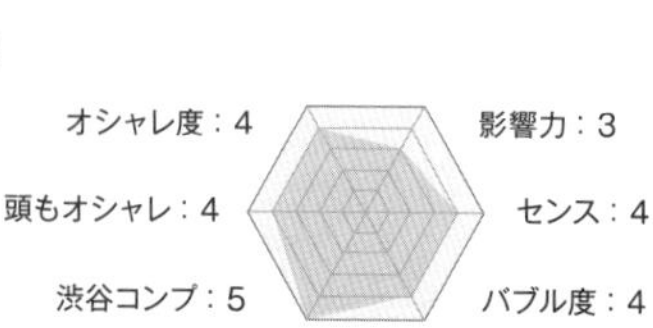

社長が不動産業界最年少で明証セントレックスに上場し、話題を集めたエスグランドコーポレーション。「家賃が1～2万円高くてもデザイン性が高ければニーズがある」というオシャレ思考のもと、渋谷の物件を買いまくってデザイナーズマンションの分譲に力を入れていたが、リーマンショックのあおりを受けて撃沈。ユニマットホールディングの傘下に入ったものの、再建の目途はたたず民事再生開始。

千代田興産

アクロバット資金調達で社長は当然お縄

所在地：東京都　倒産年度：2009年6月
負債総額：79億円　上場:非上場
適用：破産

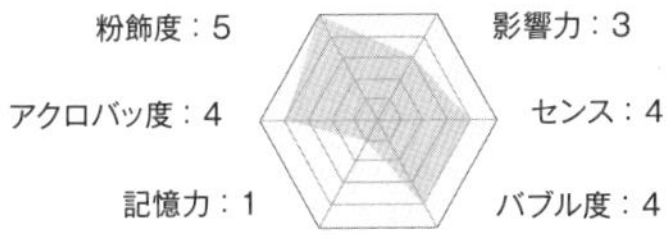

グローバルエンタープライズの商号で平成３年に設立された不動産業者。出世魚のように商号変更を繰り返し、最終的に千代田興産となった。2008年には業績が悪化した会社の運転資金を確保するため、架空のシネコン内装工事を受注したと偽って三菱東京UFJから融資金２億1千万円を搾取。ほかにも7つの金融機関から約100億円の融資を引き出すも、40億円が回収不能。社長と取締役が逮捕されるも「ローンについてはちょっと思い出せない」とシラを切ったという。

スカイエステート

起死回生の中国マンション事業も空振りに終わる

所在地：東京都　倒産年度：2008年4月
負債総額：198億円　上場:非上場
適用：特別清算

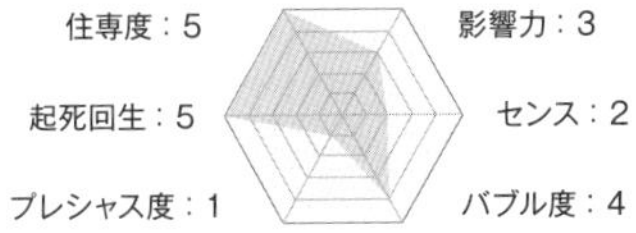

昭和44年、プラザホームズとして設立されたスカイエステート。当初は外国人向けアパートの仲介を主業としていたが、昭和60年ごろよりマンション開発にも進出。ピーク時には年商188億円を売り上げたが、バブル崩壊で赤字経営に。住専からの借り入れは900億円を超えていたので、起死回生の一手で中国でのマンション事業に注力するものの好転せず。関連３社とともに、特別清算手続きを申し出た。

アーバンコーポレイション

反社に蛇口を閉められハゲタカにトドメをさされる

所在地：広島県　倒産年度：2008年4月
負債総額：2,558億円　上場:東証1部
適用：民事再生法

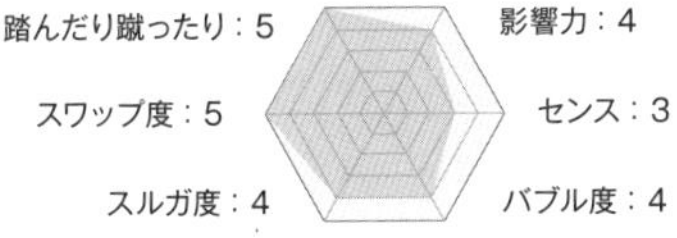

前述のスルガコーポレーションから土地を買っていたのが運の尽き。メインバンクのみずほ銀行に「反社と関係あり」と烙印を押され、融資を引き揚げられてしまう。さらには持ち株の担保権も行使され、ほとんどが売られてしまうという泣きっ面に蜂状態に。しまいにはCB発行で引受先のBNPパリバから300億円もらえるはずが、「スワップ契約」のせいで実際に調達できたのは92億円。最終負債総額2,558億円で散った。

丸美

倒産する会社の王道を歩み続けた九州男児

所在地：福岡県　倒産年度：2008年8月
負債総額：220億円　上場:非上場
適用：民事再生法

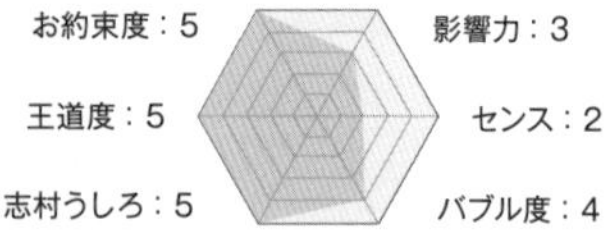

昭和51年にビル清掃・メンテナンス業務を目的に設立された丸美。その後、マンションの維持管理、分譲マンション事業、会員制リゾートホテル事業と手を広げていき、最終的には不動産流動化事業に進出。まさしく破綻する会社の王道を歩み続けたのち、これまたお手本のようにサブプライム問題のあおりを受けて見事撃沈。トムとジェリー的な様式美を感じるほど理路整然とした倒産劇であった。

多田建設

東京都代表、三年ぶり三度目の「更」子園

所在地：東京都　倒産年度：2008年7月
負債総額:179億円　上場:非上場
適用：会社更生法

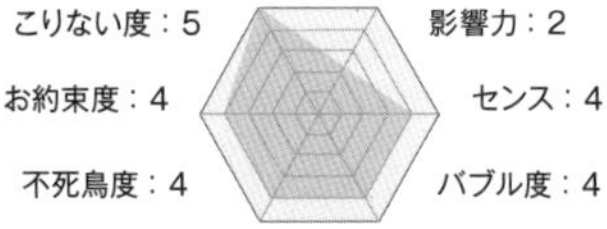

バブル期に業績を拡大した老舗中堅ゼネコン。バブル崩壊で一度は会社更生手続するも、四国のゼネコンの後ろ盾でなんとか会社を建て直す。しかし、前述のゼネコンに吸収合併を迫られたことから二度目の会社更生手続。もはやこれまでと思ったが、またもスポンサーがついて見事復活した。そんなしぶとい多田建設だが、市況悪化の波は分け隔てなくやってくる。期待を裏切らず、2008年7月に三年ぶり三度目となる会社更生手続きを開始した。

パシフィックホールディングス

東証1部上場も、最後は中国企業に騙されて終わる

所在地：東京都　倒産年度：2009年3月
負債総額:1,940億円　上場:東証1部
適用：会社更生法

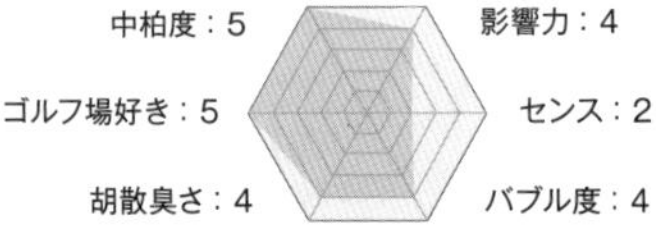

東証1部上場のパシフィックホールディングスもリーマンショックの波に飲まれた企業のひとつ。とはいえ、大阪ビッグステップを国債利回りよりも低いキャップで買ったり、赤字のゴルフ場を何コースも買っていたりと、リーマンショック云々以前の問題と思えないことはないのだが……。最後は縁故の増資ブローカーが連れてきた、実態のよくわからない中国企業にだまされて関連会社2社とともにゲームセット。

ドリーム・ワン

リーマンショックを最前席でライブビューイング！

所在地：大阪府　倒産年度：2009年4月
負債総額:98億円　上場:非上場
適用：破産

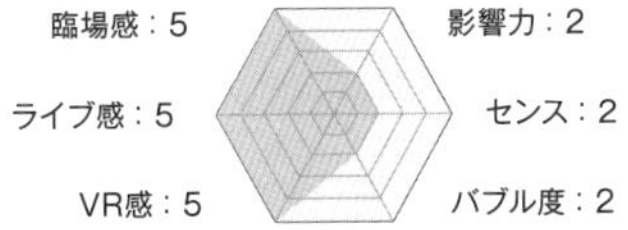

設立当初は大阪でホテル経営を主業としていたが、平成18年に撤退後、不動産の再生事業を開始。外資系金融機関から資金を調達し……というか、ドリーム・ワンは当のリーマンブラザーズグループからお金を調達していた。当然、先方が経営破綻すると資金調達が不可能になって一気に爆死。ある意味、リーマンショックを最前線で体験した企業といえるのではないだろうか。

ジョイント・コーポレーション

再起を誓った二日後に突然死、株主唖然！

所在地：東京都　倒産年度：2009年5月
負債総額:1476億円　上場:東証1部
適用：会社更生法

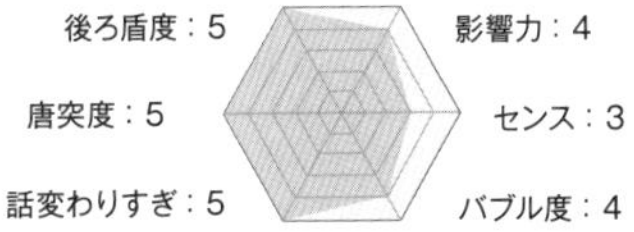

東証1部上場企業。当初はマンション分譲を主力としていたが、平成13年ごろに不動産流動化事業に参入。リーマンショックの波を食らってよろめくも、オリックスグループから約100億円の支援を受け取ってなんとか踏みとどまった……ように見えたが、決算説明会で株主に向かって「がんばってます！」と叫んで健在をアピールした二日後に突然死（会社更生法申請）。人生ってわからないものですね。

長田組土木

明治創業、老舗のやりかたみせたるわ！

所在地：山梨県　倒産年度：2008年2月
負債総額:107億円　上場:非上場
適用：民事再生法

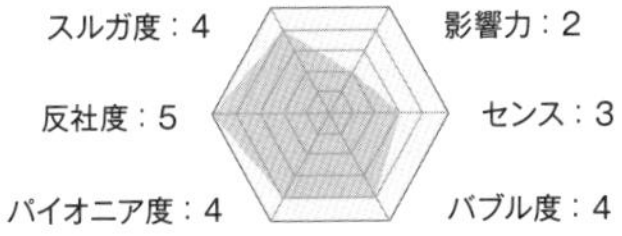

明治38年創業、中央線の鉄道施設工事に関わるなど、山梨県内土木工事のパイオニアにして県内トップクラスの総合建築業者。公共工事の減少や竣工施設の倒産による回収困難が影響して、2008年2月に民事再生法を申請した。ちなみにその後、長野の建設業者と業務提携して復活したものの、反社会勢力を使って入札妨害を行ったことがバレて入札から排除されてしまった。さすが老舗！

近藤産業

関西マンションの雄もサブプライムで撃沈。親会社の足を引っ張る。

所在地：大阪府　倒産年度：2008年5月
負債総額:322億円　上場:非上場
適用：破産

マツヤハウジング

要職を不動産素人の長銀出身者で固めすぎ、変な物件ばかり買った。

所在地：東京都　倒産年度：2008年7月
負債総額:279億円　上場:非上場
適用：民事再生法

蒐英

住民の反対や岩盤表出で工事が頓挫しまくり資金繰り悪化。

所在地：神奈川県　倒産年度：2008年7月
負債総額:51億円　上場:非上場
適用：民事再生法

北野組

地面詐欺で捕まったことあるオーナーが内部留保をペロリ。

所在地：北海道　倒産年度：2008年7月
負債総額:125億円　上場:非上場
適用：破産

三平建設

マンション準大手。社員を半分リストラして頑張ったが興大の倒産で焦げ付き連鎖倒産。

所在地：東京都　倒産年度：2008年7月
負債総額:167億円　上場:ジャスダック
適用：民事再生法

都市デザインシステム

300億を沖縄のリゾートにぶっこんだりしてたらリーマンショックで沖に流されました。

所在地：東京都　倒産年度：2008年8月
負債総額:203億円　上場:非上場
適用：民事再生法

Human21

大正創業の老舗。東証の立会中にいきなり倒産して売買停止。

所在地：東京都　倒産年度：2008年9月
負債総額:464億円　上場:ジャスダック
適用：民事再生法

アーバンエステート

CM打ちすぎて広告費用がかさんで資金繰りが悪化。

所在地：埼玉県　倒産年度：2008年9月
負債総額:54億円　上場:非上場
適用：破産

リプラス

賃料をオーナーに払わず運転資金に流用したけどつぶれた。

所在地：東京都　倒産年度：2008年9月
負債総額:325億円　上場:マザーズ
適用：破産

環商事

琵琶湖に分譲マンション建てまくったけど、そこは戸建てエリアだった。

所在地：滋賀県　倒産年度：2009年11月
負債総額:198億円　上場:非上場
適用：破産

ダイドー住販
所在地：大阪府　倒産年度：2008年7月
負債総額:248億円　上場:非上場
適用：民事再生法

キョーエイ産業
所在地：広島県　倒産年度：2008年7月
負債総額:87億円　上場:ジャスダック
適用：民事再生法

真柄建設
所在地：石川県　倒産年度：2008年7月
負債総額:348億円　上場:東大証1部
適用：民事再生法

ゼファー
所在地：東京都　倒産年度：2008年7月
負債総額:949億円　上場:東証1部
適用：民事再生法

協同興産
所在地：東京都　倒産年度：2008年8月
負債総額:753億円　上場:非上場
適用：破産

志多組
所在地：宮崎県　倒産年度：2008年8月
負債総額:278億円　上場:非上場
適用：民事再生法

創建ホームズ
所在地：東京都　倒産年度：2008年8月
負債総額:338億円　上場:東証1部
適用：民事再生法

セボン
所在地：東京都　倒産年度：2008年8月
負債総額:138億円　上場:非上場
適用：民事再生法

ランドコム
所在地：神奈川県　倒産年度：2008年9月
負債総額:309億円　上場:東証2部
適用：民事再生法

井上工業
所在地：群馬県　倒産年度：2008年10月
負債総額:115億円　上場:東証2部
適用：破産

ノエル
所在地：神奈川県　倒産年度：2008年10月
負債総額:414億円　上場:東証2部
適用：破産

新井組
所在地：兵庫県　倒産年度：2008年10月
負債総額:427億円　上場:東大証1部
適用：民事再生法

富士ハウス
所在地：静岡県県　倒産年度：2009年1月
負債総額:358億円　上場:非上場
適用：破産

東新住建
所在地：愛知県　倒産年度：2009年1月
負債総額:491億円　上場:ジャスダック
適用：民事再生法

栄泉不動産
所在地：大阪府　倒産年度：2009年1月
負債総額:580億円　上場:非上場
適用：民事再生法

ニチモ
所在地：東京都　倒産年度：2009年2月
負債総額:757億円　上場:東証2部
適用：民事再生法

あおみ建設
所在地：東京都　倒産年度：2009年2月
負債総額:396億円　上場:東証1部
適用：会社更生法

中央コーポレーション
所在地：愛知県　倒産年度：2009年4月
負債総額:340億円　上場:東名証2部
適用：民事再生法

フレッグインターナショナル
所在地：東京都　倒産年度：2009年12月
負債総額:257億円　上場:非上場
適用：民事再生法

ダイア建設
所在地：大阪府　倒産年度：2009年12月
負債総額:300億円　上場:東証2部
適用：民事再生法

おわりに

悲惨な話を最後までお読みいただき、ありがとうございます。シャーデンフロイデ、感じました？

世界金融危機から10年と少しが経ちました。新しい世界に希望を抱き、社会人人生を踏み出した私。あの頃の未来に僕らは立っているのかな。……うーん、思ってたのとだいぶ違う感じになっちゃったな。遠回りしちゃったし、相変わらず安月給で働いている。しかし、倒産した事を恨んでいるかと問われると、そうでもありません。

確かに金銭的には損したかもしれません。生涯年収だいぶ減っちゃったかも。でもあの体験があったからこそ今の私がいる。変わらないものなど無いということ。商売は必ずしも努力や能力とリンクしないということ。スピーディーに大きな決断をすることの大切さ。世の中の仕組みを若いうちに骨の髄まで叩き込まれた事は、私の人生の大きな財産になりました。

会社は多くの社員をリストラしましたが、ＯＢでその会社の悪口を言う人はほとんどいないんですよね。あの地獄みたいな体験を通して、いる場所はバラバラになっちゃったけど、絆が深まった感覚があります。そして、みんな生きてます。大丈夫。会社つぶれたくらいじゃ死なない。卒業した、くらいの感覚が今となっては正しい気がします。

この本をうっかり買ってしまうような貴方は、恐らくどこかポンコツで人生に不安のある方なんじゃないかなと思います。人生１００年時代、我々は多分80歳くらいまで働かなきゃいけないかも。うーむ、長い。多分みんな1～2回は倒産経験しちゃうんじゃないかな。でも、そんなもんですよ。凪の人生なんて無いんです。いいじゃん、つぶれたって。会社なくなっても人生は続きます。腐っててもしょうがない。ポケットに入った小銭で立ち飲み屋行って、明日からまた頑張ろぜ。不動産業界はいいぞ、何度でも蘇る不死鳥だらけだ。それでも毒が吐きたくなったら、Ｔｗｉｔｔｅｒアカウント作ってこのハッシュタグを使って下さい。

＃来年会社なくなる

実況！会社つぶれる!! スタッフ紹介

田中光

P.148～「デベロッパーハヤト」担当

グレープカンパニー所属で漫画家として活動する傍ら、田中上野というユニット名で芸人としても活動。東京メトロ「メトポ」やコクヨ「鉛筆シャープ」の広告でもおなじみだが、主な著作に、『サラリーマン山崎シゲル』シリーズ『ドクター中島の世界征服』（ともにポニーキャニオン）、『レタス2個分のステキ』（小学館）などがある。

Instagram：Instagram.com/yamasaki_shigeru/

Twitter：@yamasaki_shigeru（サラリーマン山崎シゲル）、@avocado-hikaru（田中光）

佐藤朋樹

P.54「あの消臭スプレーはどんだけ効があるのか」P.85「どうなるレオパレス」ほかライティング担当

都内在住の雑食性フリーライター。ビジネス、健康、ホビー、アイドルなど幅広く(節操なく)活躍し、『電撃ホビーWEB』などで執筆。趣味はガンプラ製作と、仕事がないときに決行する徒歩旅。2018年は品川～静岡間を踏破してみたりした。

西アズナブル

P.27～「実録！　会社つぶれた！」担当

漫画家・イラストレーター。福井県出身。堀江貴文さん原作のマンガ『刑務所いたけど何か質問ある？』（文藝春秋）が話題に。ホリエモンのメルマガイラスト、LINEスタンプも担当。ダイヤモンドZAiにてマンガ『どこから来てどこへ行くのか日本国』連載中。ヤングチャンピオン、週刊プレイボーイなどでイラストや四コママンガを連載中。

Twitter：@nishi_aznable

Facebook：https://www.facebook.com/nishiaznable24/

中山美里

P.112「スルガ銀行の闇」ほかライティング担当

フリーライター・編集（オフィスキング）。ファイナンシャルプランナーの資格も持つ。アダルトとアングラ、そしてお金のヤバい話が大好物で雑誌、WEBなど幅広く執筆。『16歳だった ～私の援助交際記』（幻冬社）がベストセラーに。ほか『副業愛人 ～年収300万円で囲えるオンナの素顔28～』（徳間書店）『高齢者風俗嬢』（洋泉社新書）などを上梓。腹黒さ満点の薄皮饅頭人間として、皆様のお役に立つような記事を執筆していきます。

本誌デザイン：パピエ・コレ

本を書き、デザインもする長澤均主宰。美術展の宣伝デザイン、ジャズやクラシックのCDジャケットを多数手がけるが、一方で「ウルトラQ」カラーライズ版DVDのキャンペーンなどで、バッドなサブカル・テイスト全開のデザインをしたりもする異端古典美デザイン会社。8bitコンピュータとレトロ・グラフィックスをこよなく愛す。長澤には日本で最初の洋物ポルノ映画史『ポルノムービーの映像美学』（彩流社）というけったいな著書もある。近著に『Venus on Vinyl 美女ジャケの誘惑』（リットーミュージック）。http://www.papiercolle.net/

カマンベール☆はる坊

P.19、44ほかイラスト担当

会社員をしながら漫画を書いている兼業漫画家。美術大学時代に彫刻とデザインを学ぶ。25歳まで彼氏ができなかった著者が男性と結婚するまでの実話コミックエッセイ『まだモテてないだけ。』(KADOKAWA)や、ずっと「いい子ちゃん」だった作者がいい子ちゃんを脱出するコミックエッセイ『わたし、いい人やめました』(講談社)ほか、WEBメディア向けにメイクコラムなども不定期に執筆中。20年以上L'Arc~en~Cielのファンをやっている。

コバヤシカナコ

P.16、22ほかイラスト担当

浄土真宗大谷派僧侶・イラストレーター。個人の創作活動として18年秋からInstagramで主に実体験に基づくエッセイ漫画を投稿。遅まきながら漫画家を目指して試行錯誤と迷走を繰り返す日々。得意として描くのは燦然と輝くおじさん。ASIAN KUNG-FU GENERATION後藤正文のブログで原色オジイ図鑑のイラストも担当。

Instagram:Instagram.com/kanako_kobayashi_

Twitter:@heppokokanako

わけぎラテ

P.18、20ほかイラスト担当

「インターネットラクガキマン」を称し、SNSを中心に活動するWebクリエイター。Twitterではフォロワー数10万人以上を数える。好きな食べ物はチョコ。特技はものまね。Twitter:@wakegi9315

森拓馬

カバーイラスト担当

1990年生まれ。三重県出身。武蔵野美術大学視覚伝達デザイン学科卒業。第63回朝日広告賞入選作「TOMBOW鉛筆のブランド広告」のイラストやBEAMS JAPAN × シン・ゴジラのTシャツイラストなどを手掛け、近年は雑誌の表紙イラストなど多数。趣味は映画鑑賞と飲酒。レトロフューチャーな絵を描くのが得意なナイスガイ。https://moritakuma.com/

土屋武志

P.17、21ほかイラスト担当

デザイン会社で主にNHKのテレビ美術や報道番組のイラスト、デザイン制作に13年間携わった後独立し、現在はVANGUARD GRAPHICSという会社を立ち上げ主にソーシャルゲームのグラフィックスデザインを担当。趣味はゲーム、ガジェット集め。今回の全宅ツイ本では『○○○○』で入社前&入社後に見た不動産百景や面接スーツのOKとNGのイラストなども担当。

絵とデザイン吉田

P.23、82ほかイラスト担当

多摩美術大学油画専攻を卒業し、十年間山小屋で働いていた。妻は『山小屋ガールの癒されない日々』を書いたエッセイストの吉玉サキ。現在はWebメディアでアイキャッチや記事中の挿絵を描き、noteの連載「小屋ガール通信」では妻が執筆・本人が挿絵を行っている。趣味は山登り、旅行、登山。

終

制作・著作

全宅ツイ

全宅ツイ（全国宅地建物取引ツイッタラー協会）

数百億円の不動産を取引する不動産ファンドの社員から、ルノアールにたむろする無免許ブローカーまでを会員に擁する、不動産業界最大のツイッター集団。業界の裏事情から社会風刺まで、歯に衣着せぬつぶやきで人気を集めている。その保有資産、預り資産、グリップ資産の合計は20兆円を超えると言われている。twitterアカウント @kuso_bukken

表　題　部（土地の表示）	余白

書名	実況《じっきょう》!　会社《かいしゃ》つぶれる!!
2019年10月25日　初版第1刷発行	
著者	全宅ツイ（ぜんたくつい）

発行者	小川真輔	印刷所	錦明印刷	製本所	フォーネット社

発行所	KKベストセラーズ	〒171−0021 東京都豊島区西池袋 5-26-19　陸王西池袋ビル4階 電話　03-5926-5322（営業）03-5926-6262（編集） https://www.kk-bestsellers.com/

デザイン・DTP　長澤 均+池田ひかる［papier collé］
カバーイラスト　森拓馬
取材・記事　中山美里　佐藤朋樹
撮影　河野優太
帯モデル　高見奈央

権　利　部（甲　区）	（所 有 権 に 関 す る 事 項）		
順位番号	登 記 の 目 的	受付年月日・受付番号	権 利 者 そ の 他 の 事 項
1			
2			
3			

権　利　部（乙　区）	（所 有 権 以 外 の 権 利 に 関 す る 事 項）		
順位番号	登 記 の 目 的	受付年月日・受付番号	権 利 者 そ の 他 の 事 項
1			
2			
3			

ⓒZentaku twi 2019 Printed in Japan　ISBN 978-4-584-13948-6　C0036